UN ANGE AU PIED D'UN ÉCHAFAUD

Fils de saint Louis, montez au ciel. (P. 51.)

UN ANGE

AU PIED D'UN ÉCHAFAUD

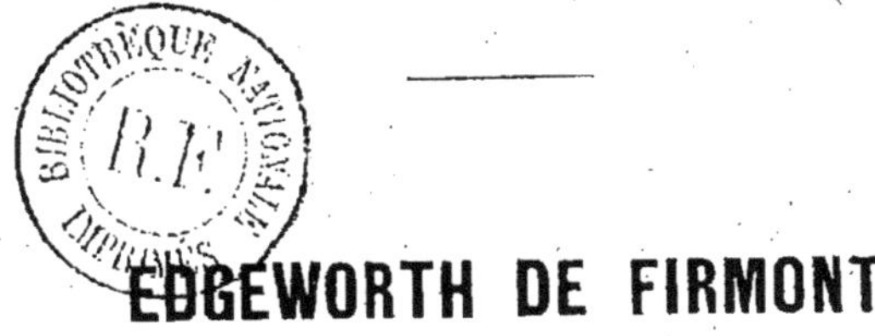

EDGEWORTH DE FIRMONT

Confesseur de Louis XVI.

LILLE

MAISON SAINT-JOSEPH

GRAMMONT (Belgique)

ŒUVRE DE SAINT-CHARLES BORROMÉE

UN ANGE
AU PIED D'UN ÉCHAFAUD

CHAPITRE PREMIER

Les commencements du futur confesseur de Louis XVI.

C'EST assurément une chose bien singulière que l'homme destiné par la Providence à devenir l'ange consolateur d'un roi catholique et d'un roi de France, soit né dans le protestantisme et en pays étranger. Ainsi l'a voulu la sagesse de Celui qui se plaît à déjouer les calculs de la prudence humaine et à déconcerter toutes ses prévisions.

Henri-Essex Edgeworth avait pour père Robert Edgeworth, qui appartenait à une famille de prélats anglicans, et pour mère la petite-fille de l'archevêque Ussher, également un des apôtres de la Réforme. Né, baptisé et élevé dans le sein même de la religion protestante, sous les yeux de la famille de son cousin dont l'attachement aux erreurs de Luther était presque proverbial, cet enfant est devenu, par la miséricorde divine, une lumière, une gloire de l'Église catholique.

Le père d'Henri avait obtenu un bénéfice (1) dans le comté de Longford ; mais une voix intérieure lui disait qu'il ne pouvait plus le garder en sûreté de conscience ; il se décida courageusement à le résigner et à passer en France avec ses enfants. Toulouse fut choisi pour le lieu de leur résidence ; quant au nom de Firmont, sous lequel est connu l'abbé Edgeworth, on le lui donna parce que l'un de ses domaines était ainsi désigné.

Un grand événement suivit l'arrivée de cette famille dans notre patrie : elle abjura l'erreur. Le jeune Henri fut donc élevé désormais dans la foi de l'Église romaine, à laquelle il devait si noblement plus tard se dévouer tout entier. Son goût pour l'étude se manifesta de bonne heure ; heureux de seconder les belles dispositions de leur fils, ses parents le placèrent à l'université de Toulouse où il fit ses humanités. L'histoire n'a malheureusement conservé aucun détail sur la vie intime de ce jeune étudiant si bien doué et dans la poitrine duquel battait le cœur le plus généreux et le plus chrétien.

Le père d'Henri vint à mourir sur ces entrefaites ; cette circonstance douloureuse obligea son frère aîné, Robert, à se rendre en Irlande pour prendre possession des biens de famille ; quant à lui, il fut envoyé à Paris et adressé au vénérable abbé de Laroche, supérieur du séminaire des Trente-Trois. A cette époque déjà le jeune converti se sentait appelé à combattre dans les rangs de la milice sacerdotale ; aussi, après avoir fait sa philosophie en Sorbonne, se prépara-t-il à recevoir les saints ordres.

(1) On sait qu'on entend par ce mot un titre ecclésiastique auquel est attaché un revenu.

A peine ordonné prêtre, l'abbé Edgeworth se livra sans réserve aux travaux apostoliques, au sein même de la capitale. Jamais ecclésiastique, nous disent ses contemporains, ne manifesta plus de bienveillance dans ses manières, plus d'affabilité dans ses relations, plus de charité envers les misérables : c'est qu'il brûlait de convertir les pécheurs et de ramener à Jésus-Christ un grand nombre de malheureux égarés. Il se faisait donc tout à tous pour s'insinuer dans les cœurs et leur inspirer l'amour de la religion à force de la rendre aimable.

Il était rare qu'on le vît seul : souvent il se trouvait accompagné d'une troupe d'ouvriers ou de pauvres qui se rendaient avec lui au saint tribunal de la pénitence où le bon Pasteur devait excercer à leur profit le plus sacré, le plus consolant des ministères. Quelle n'était pas alors la joie de l'abbé Edgeworth ! Le bonheur qu'il éprouvait se reflétait même sur son visage.

Tous les jours, de grand matin, il donnait en outre quelques heures à l'instruction des pauvres de sa paroisse ; il consacrait le reste de la journée à l'étude et à la prière.

Tant de vertus, de talents et de zèle, ne pouvaient rester longtemps ignorés dans Paris. Dieu permit que la renommée de son serviteur s'étendît même à l'étranger. Sa conduite exemplaire et son zèle toujours si bien réglé ne tardèrent pas à être connus en Angleterre. L'église catholique voyait alors à sa tête plusieurs prélats respectables, qui, tout en veillant aux intérêts de leur Église, désiraient, selon le véritable esprit de l'Évangile, mettre un terme aux animosités de l'esprit de parti ; ils pensèrent que l'abbé Edgeworth serait, plus que tout autre, l'homme qu'il faudrait pour seconder leurs vues, en réunissant le zèle et la prudence. Ce fut dans ce but qu'on l'appela en Angleterre.

L'abbé, ayant la conviction qu'il serait plus utile à Paris que partout ailleurs; retenu en outre par des considérations que lui présenta l'ecclésiastique qui dirigeait sa conscience, céda aux prières de ceux dont il prenait soin lui-même, et résolut de continuer ses pénibles fonctions; l'idée d'un bien actuel, dont il était l'instrument direct, lui parut préférable à des dignités et à des avantages qui n'étaient que temporels. C'est ainsi que la charité la plus vraie, la piété la plus désintéressée furent les moyens qu'employa la Providence pour le conserver dans un pays où il devait, par la suite, jouer un rôle si éminent; car, en refusant la seule chance de fortune qui pouvait lui être offerte dans le cours de sa vie, il se trouva fixé dans la situation où il devait un jour déployer son héroïsme. Il continua donc à sacrifier aux devoirs les plus saints de la religion ses vues d'amour-propre et d'intérêt personnel; bien sincèrement exempt de toute idée de célébrité, et même du désir d'attirer l'attention des chefs de son église, il continuait modestement sa mission évangélique; mais son caractère et sa vertu n'en furent que plus admirés et appréciés.

Dans ces circonstances, Mme la princesse Élisabeth, de sainte et douloureuse mémoire, ayant perdu son confesseur, écrivit au supérieur des Missions étrangères pour le prier de lui en indiquer un. Ce vénérable ecclésiastique, qui connaissait tout le clergé de Paris, désigna l'abbé Edgeworth comme le prêtre le plus digne de sa confiance, par la réunion de toutes les lumières et de toutes les vertus. Il fallait que le choix reçût la sanction de M. l'archevêque de Paris. Ce prélat avait depuis longtemps conçu pour lui la plus haute estime, et il la lui témoigna en voulant bien le présenter lui-même à la cour. Dès qu'il y fut connu, il n'eut pas de peine à se concilier la bienveillance de la Princesse qui l'avait attaché à sa maison, et cette âme si pure se plut à donner toutes sortes de marques de vénération au prêtre chargé de diriger sa conscience. C'est ainsi que par degrés il eut l'avantage d'être connu insensiblement des autres membres de la Famille Royale.

Depuis cette époque jusqu'à celle où commença la révolution française, l'abbé Edgeworth, uniquement occupé de ses devoirs, n'a laissé de traces que dans les cœurs de tous ceux qui admiraient ses vertus; son nom ne fut jamais cité dans aucune intrigue de cour, et jamais il ne fournit même un prétexte à ce qu'on pût le compromettre dans aucune réunion populaire. Étranger au monde et à la politique, il ne travaillait que pour un seul Maître, Notre Seigneur Jésus-Christ.

Quelques extraits de la correspondance de l'abbé Edgeworth à cette époque, nous le feront mieux connaître que tous les panégyriques. Du reste, ce sont les seuls documents qu'il soit possible de consulter pour pénétrer les secrets de cette vie obscure et toute cachée en Dieu jusqu'à ces jours à jamais mémorables où la Providence devait tirer la lumière de dessous le boisseau. Les fragments que nous allons citer appartiennent tous à des lettres que le pieux ecclésiastique adressa au révérend Docteur Moylan, son ami, qui résidait à Cork, en Irlande.

21 mai 1789. — N'accusez pas mon cœur, si je suis en retard avec vous. D'autres que moi, avec le double d'occupations, trouvent le temps de tout faire ; la durée des jours suffit à leur tâche ; mais les miens, depuis quelque temps, s'évaporent sans que je sache comment, et ils sont encore trop courts pour la faible tâche que je dois remplir.

Je ne puis assez vous remercier du désir que vous témoignez de me revoir encore dans mon pays natal. Assurément l'espérance d'habiter une même patrie et d'y jouir de temps à autre de votre société, est un attrait bien puissant sur mon cœur ; mais, hélas ! c'est le seul auquel je puisse être sensible. L'Irlande est devenue un pays étranger pour moi. Vous êtes le seul ami que j'y aie conservé. Trente-huit années d'absence ont rompu les liens de famille qui m'unissaient à quelques parents, et affaibli ceux qui m'unissaient à d'autres ; j'ai même perdu le souvenir des lois, des mœurs, des usages, etc., de ce pays ; tout cela m'est devenu étranger, au point que je serais aussi dépaysé dans ma patrie, que vous le seriez vous-même en Italie ou en Espagne. Ajoutez que le seul emploi qui pourrait convenir, en Irlande, à mes faibles talents, et le seul en même temps que je préférasse aux autres, ce serait une cure de campagne ; or ces fonctions seraient trop rudes pour une santé délabrée comme la mienne ; car quoique je sois mieux qu'il y a un an ou deux, je suis encore bien loin d'être un homme robuste.

Je suis convaincu, Mylord et cher ami, que si vous avez la bonté de peser toutes ces considérations, avec autant d'impartialité que moi, vous finirez par convenir que peu de personnes sont moins propres que moi à occuper un poste en Irlande, et que de tout notre clergé, qui réside au dehors, je suis peut-être celui dont on doit le moins regretter la perte.

Je ne puis cependant pas dire que dans ma présente

situation, je sois tout à fait perdu pour mon pays. J'ai travaillé beaucoup autrefois pour les Français; mais depuis que les médecins m'ont condamné à la retraite (1), mes travaux, si ce que je fais en mérite le nom, se bornent au petit cercle d'Anglais et d'Irlandais que la Providence amène à Paris; en sorte que si je venais à leur manquer, il faudrait envoyer d'Irlande un autre prêtre pour me remplacer. En somme, je ne vois pas dans toute l'Europe un poste qui me convienne mieux que celui que j'occupe; si quelque chose pouvait m'y déplaire, c'est qu'il ne m'isole pas encore assez du reste du monde; ce serait là ma plus grande ambition, car chaque jour me fait apercevoir de plus en plus qu'il est très difficile de ne pas se négliger un peu soi-même, lorsqu'on est trop occupé des autres.

28 octobre 1789. — Je ne vous donnais pas de nouvelles politiques dans ma précédente lettre parce que le porteur avait été témoin des émeutes que nous avons eues à Paris et qu'il pouvait de vive voix vous en dire long à ce sujet. Depuis ce temps, nos affaires, loin de s'améliorer, semblent aller de mal en pis. Le parti républicain continue à dominer; notre roi, le meilleur des hommes, a été obligé de quitter Versailles et de venir à Paris, où il a actuellement sa résidence : je vous laisse à penser comme il est libre; l'assemblée nationale l'y a suivi, et tient ses sessions dans le palais de l'archevêché jusqu'à ce qu'une salle plus commode ait été préparée pour ses séances. Nous n'avons pas moins de trente mille hommes sous les armes, qui sont pour la plupart

(1) On voit par tout ce qui précède que la santé de l'abbé Edgeworth avait été sérieusement ébranlée, sans doute par suite de ses études et de ses travaux apostoliques. Ces naïves confidences font bien voir en même temps quels étaient son désintéressement, son abnégation et surtout son humilité.

des bourgeois de Paris, très élégants et très peu aguerris. Il en est de même dans la plupart des villes et des villages en France; car, de tous côtés, on semble vouloir rivaliser avec la capitale, et chacun aspire au privilège de se gouverner soi-même.

Je suppose que vos journaux vous ont donné une connaissance détaillée de cette étonnante révolution; plus d'une fois sans doute vous aurez été tenté de croire qu'ils en exagéraient les détails, ou même qu'ils étaient totalement faux. Mais les Français d'aujourd'hui ne ressemblent plus aux Français tels que vous les avez connus jadis. Aucune nation au monde n'a subi, en si peu de temps, un changement de principes aussi complet : la philosophie moderne a détruit tout principe de religion, et dissous les liens de la société; l'incrédulité s'est glissée dans toutes les classes, depuis le maître jusqu'au valet (1). Pour peu que cela dure encore quelques années, il ne restera rien aux Français, de ce qu'ils étaient autrefois, que le nom et la langue. En vérité, ce que nous voyons aujourd'hui de nos propres yeux est, selon moi, la réfutation la plus péremptoire que l'on puisse faire des nouveaux systèmes.

Dieu seul sait quelle en sera l'issue; mais, selon toute vraisemblance, si la France peut échapper à sa ruine, elle ne devra sa nouvelle vie qu'aux provinces éloignées, dans lesquelles tous les principes n'ont pas encore aussi généralement prévalu. J'ai entendu dire que quelques-unes commençaient à se plaindre de l'assemblée nationale; et ces mécontentements pourraient aisément gagner d'une province à l'autre. Mais alors, nous aurions

(1) Comme les horribles doctrines de Voltaire, de Diderot, etc., sont justement ici rendues responsables de l'impiété qui, en quelques années, envahit toute la France, et de la Révolution qui en fut la suite !....

une guerre civile, ce qui serait un mal encore plus grand
que celui dont nous souffrons actuellement. En attendant, notre assemblée va toujours détruisant ce qu'il lui
plaît d'appeler « des restes de barbarie et d'ignorance ».
Demain s'agitera la grande question des biens du clergé.
Le résultat de la discussion doit nous apprendre s'ils
appartiennent au clergé ou à la nation, si c'est une pro-
priété nationale, comme on présume que cela tournera ;
la conséquence naturelle qui se présente est qu'on les
prendra tous, et que les évêques, les curés et leurs vicaires seront réduits à être salariés (1).

Voilà, mon cher ami, l'esquisse de notre situation
actuelle. A peu près trois cents de nos députés ont
perdu patience, et, sous différents prétextes, sont re-
tournés chez eux. Il en résulte que, par malheur, ce
sont les plus mauvais qui restent. L'archevêque de Paris
est du nombre de ceux qui se sont retirés ; on avait menacé ses jours, et il parut prudent de le faire sortir de
France ; un de nos compatriotes, le fils du malheureux
général Lally, un des hommes les plus distingués de
l'assemblée, s'est aussi retiré ; mais, avant de quitter la
France, il a publié un ouvrage excellent contre toutes
les opérations des États généraux.

Ma mère et ma sœur s'unissent à moi pour offrir, à
vous et aux vôtres, les plus respectueux compliments ;
elles sont toutes deux sur le qui-vive, et sont prêtes à
quitter la France si nos troubles s'aggravent encore. Je
les accompagnerai, quelque part qu'elles aillent : ce sera
probablement à Londres. Mais je reviendrai aussitôt ;
car il serait d'un bien mauvais exemple qu'un soldat

(1) Les prévisions de l'abbé Edgeworth ne se sont que trop réalisées.
Ou plutôt les plus pessimistes eux-mêmes sont toujours restés au-dessous
de la réalité dans leurs pronostics ; qui eût pu prédire sérieusement les
atrocités de 93 ?

quittât son poste par la crainte d'être atteint d'un boulet (1).

Quoiqu'on nous assure chaque jour que nous sommes une nation libre, chaque jour j'en doute davantage ; et la seule différence que je trouve entre le temps passé et celui-ci, c'est qu'alors, si nous étions esclaves comme on le prétend, nous étions d'heureux esclaves, tandis qu'aujourd'hui nous sommes très esclaves dans notre liberté.

Depuis quelques mois, ma mère m'a fait passer des moments bien pénibles. Je voudrais bien qu'elle fût hors d'un pays où elle ne peut plus jouir de ce qu'elle s'était flattée d'y trouver. Mais, à son âge et avec ses infirmités, habituée à la vie sédentaire qu'elle mène depuis douze ans, j'ai craint pour elle les conséquences d'un long et fatigant voyage, bien plus que je ne m'alarme sur les émeutes dont nous sommes témoins chaque jour. C'est pourquoi j'ai remis de semaine en semaine le déplacement que je désirais.

Cependant nous en parlons souvent, comme d'une chose absolument nécessaire, si les affaires de France continuent à prendre une tournure aussi lugubre ; et alors je puis vous assurer que Cork est, de toute l'Irlande, le lieu que son cœur désire le plus ardemment. Je différerai, malgré tout, tant que cela n'ira pas plus mal. Depuis que le Roi est à Paris, il règne une espèce de tranquillité, et le grand âge de ma mère m'inspire plus de crainte, pour un si long voyage, que son séjour ici ne m'inquiète. La cour et l'assemblée sont dans un parfait accord ; tous les décrets sont sanctionnés sans difficulté et le Roi ne semble plus occupé de l'idée de

____

(1) Le fragment suivant ne porte pas de date dans l'original.

reprendre son autorité. Il n'y a donc plus de causes à de nouveaux troubles, à moins que les provinces ne se soulèvent contre la métropole, ou que quelque homme entreprenant ne se mette en avant pour sauver la couronne.

Il est impossible de dire jusqu'où veut aller l'assemblée nationale. Ce qui est certain, c'est que nous n'en sommes pas à la moitié. Vous avez entendu parler de ce fameux décret qui a mis tous les revenus du clergé à la disposition de la nation. Depuis ce jour, ils n'ont rien fait de nouveau touchant les matières ecclésiastiques, ayant été trop occupés par beaucoup d'autres affaires. Mais, à en juger par les pamphlets qui circulent journellement, nous devons nous attendre à bien d'autres innovations, telles que la publicité du culte pour toutes les sectes religieuses, l'abolition des vœux, le divorce, etc. Dieu seul sait jusqu'où les choses seront portées; quant à moi, voilà, je l'avoue, l'unique sujet de mon désespoir; et, si je ne puis plus rien pour la religion, les liens qui m'attachaient à la France sont détruits.

Ceux qui nous unissent depuis si longtemps reprendront alors leurs droits, et je ne songerai plus qu'à finir près de vous mes jours. Mais, mon cher ami, que ferez-vous de moi? Je serai une charge pour votre diocèse; il vous faut des travailleurs assidus et forts; et je ne suis pas capable de remplir une telle tâche. Je vous avouerai que, depuis le commencement de nos troubles, j'avais eu l'idée de tout abandonner; mais, j'ai pris le parti du courage. Je suis tellement résolu à tenir ferme à mon poste, que si j'étais obligé de vous conduire ma mère, je reviendrais le défendre. Le Dieu tout-puissant bénit les faibles efforts que je fais ici pour le servir, ils sont suivis de quelques succès, et ainsi, je ne dois

pas abandonner le troupeau qu'il m'a confié, à moins
que la Providence ne m'appelle impérieusement ailleurs;
car le peu que je fais pour ceux que je soutiens, n'est
dû qu'à l'intervention de quelques autres personnes qui,
sans moi, n'agiraient pas aussi utilement. En vérité,
sous tout autre rapport, peu m'importe où je sois ; car
je suis tellement accoutumé à la vie conventuelle, que
je ne saurais comment vivre dans le monde.

Je dois prendre la liberté de recommander à votre
bienveillance pastorale un jeune homme de votre diocèse, qui est ici pour étudier la médecine. Son père lui
a envoyé jusqu'à présent le nécessaire, mais il y a plusieurs mois qu'il n'a rien reçu ; ce pauvre jeune homme
a été obligé d'emprunter cinq guinées; son père vient
de rompre le silence, et de lui annoncer qu'il ne pouvait
plus lui rien envoyer. Pourriez-vous parler au père, et
l'engager à rétracter cette cruelle sentence ? S'il est
dans l'impossibilité absolue de soutenir son fils jusqu'à
la fin de ses études, ce qui serait grand dommage,
parce qu'il paraît plein de bonnes dispositions, enga-
gez-le du moins à lui envoyer de quoi payer sa dette et
retourner chez lui. Il se nomme Fitz Gérald. Le père
est un grand artisan de Cork. Il est à désirer que la
réponse arrive promptement par charité pour ce jeune
homme; je ne lui ai pas demandé dans quelle rue loge
son père; mais il m'a dit que vous le connaissiez, ayant
jadis étudié avec vous (1)...."

La belle âme de l'abbé Edgeworth se peint à merveille
dans ces pages écrites sans aucune prétention et qu'il
était bien éloigné de croire destinées un jour à la publi-

____

(1) Ce petit trait montre combien l'abbé Edgeworth était charitable et
quel intérêt il portait aux personnes qui avaient recours à lui.

cité. « On y voit, remarque un biographe, l'absence de toute ambition, la simplicité évangélique, ainsi que les pieuses occupations d'un apôtre. Nous regrettons la

Brusquement saisi par des gardes, il fut conduit en prison. (P. 22.)

disette des faits ; mais dans le cours d'une vie si pure, qui n'est remarquable que par l'uniformité des bonnes œuvres, ce qui fait le vrai mérite, c'est le courage d'une

vertu humble et constante. Si nous avions pu suivre ce saint homme dans l'intervalle des exercices religieux qu'il avait à remplir le matin et le soir, nous n'aurions à y remarquer aucune de ces inconséquences qui, chez d'autres, ont plusieurs fois affligé la vertu, et que le vice aime à tourner en ridicule ».

Au milieu de l'éclat du grand monde, lorsque les grands, fatigués d'intrigues et de flatteries, recherchaient près de lui les consolations de la foi, dans ces sombres asiles où la misère conduit le vice et où l'attend le repentir ; en un mot, dans les salons ou les chaumières, les palais ou les cloîtres, l'abbé Edgeworth était toujours le même. La sérénité de son âme répandait une douce paix autour de lui. Ses manières avaient tant de charmes, qu'elles inspiraient la conviction de sa croyance à ceux qui n'avaient pas assez de lumières pour la devoir à leur propre jugement. Ce qui est arrivé à un jeune Américain, à son occasion, est vraiment merveilleux. Ce jeune homme avait accompagné La Fayette à sa rentrée en France, et il eut le bonheur de passer une soirée avec l'abbé Edgeworth. L'impression qu'il ressentit de sa présence et des sentiments qu'il manifesta, pendant toute la conversation, fut si puissante sur son esprit, qu'il déclara vouloir embrasser la religion de ce vénérable ecclésiastique ; qu'il était convaincu, rien qu'à voir la sérénité répandue dans toute sa personne, que cette religion devait être la meilleure. M. de La Fayette eut beau lui représenter que ce n'était pas là une preuve suffisante, que ses parents, qui étaient presbytériens, ne lui pardonneraient jamais une détermination si précipitée ; ce fut en vain, son parti était pris. Il devint catholique, entra au séminaire, reçut la prêtrise, retourna en Amérique et y devint célèbre par

ses écrits sur la controverse. Ainsi donc, c'était assez
de la bonté de M. Edgeworth pour lui concilier tous les
cœurs ; jamais aucun doute sur les vérités qu'il ensei-
gnait ne pouvait entrer dans l'esprit de ceux qui l'avaient
entendu. En un mot, le caractère distinctif de l'abbé
Edgeworth était celui d'un homme profondément uni à
Dieu, pénétré de l'esprit évangélique; et ce fut sa grande
ressemblance avec son divin Maître qui exerça toujours
une si puissante séduction sur ceux qui avaient affaire
avec lui.

CHAPITRE DEUXIÈME

L'abbé Edgeworth sous la Terreur.

PRÊTRE catholique, ardent apôtre de la religion,
l'abbé Edgeworth ne pouvait échapper à la
rage impie des hommes de la révolution. Dès
l'année 1792, il ne cessa pas de courir les plus grands
dangers. Lui-même a retracé pour son frère Ussher le
souvenir de ces temps calamiteux. C'est ce récit que
nous allons reproduire.

« Si j'entreprenais d'écrire avec quelques détails,
mon cher frère, l'histoire de cette période de ma vie,
un volume entier serait trop court. Mais il peut suffire
d'une esquisse pour le moment, et c'est tout ce que
j'entreprends aujourd'hui, en attendant un temps plus
heureux, auquel je remets à développer les faits.

Pour remonter à la première cause de tous ces événements, je dirai que le hasard, si le hasard n'était pas un mot vide de sens, m'a rapproché, il y a quelques années, de Madame Élisabeth de France, l'une des princesses les plus accomplies, et je le crois sûrement, l'une des plus vertueuses sans exception, qu'il y ait en Europe.

Quoique étranger, et que je fusse bien peu digne d'approcher de cette princesse, elle m'accorda bientôt une confiance sans bornes; mais je n'étais connu ni du roi, ni de la reine. Cependant ils m'entendaient souvent nommer; et, dans les derniers temps de leur règne, ils avaient exprimé plusieurs fois leur surprise sur la facilité si périlleuse avec laquelle on me laissait aller et venir dans leur palais, lorsque autour d'eux, on ne voyait que surveillance et terreur. Il est de fait que je n'ai jamais vu le danger tel qu'il était; et tandis qu'aucun ecclésiastique n'osait paraître à la cour sans être complètement déguisé, j'y allais, en plein jour, deux ou trois fois par semaine, sans avoir une seule fois changé de costume. En vérité, lorsque je me reporte à ces temps d'horreur, je suis surpris de mon courage; mais je suppose que la Providence m'aveuglait à dessein. Et quoique ma présence excitât quelques murmures parmi les gardes, je n'en ai jamais reçu la moindre insulte. Je continuai ainsi jusqu'au jour fatal de l'arrestation de la famille royale. C'était le 9 août 1792, je m'en souviens très bien. Madame Elisabeth désira me voir, et je passai chez elle une grande partie de la matinée, sans me douter de la scène d'horreur qui se préparait pour le lendemain. Je n'entrerai pas dans le récit des cruels traitements qu'eut à essuyer la famille royale; ces faits, de notoriété publique, sont connus de tous; je ne veux, en cet instant, parler que de moi.

Jusque-là, la révolution m'avait pour ainsi dire respecté, et, quoique je fusse profondément affligé du malheur de mes plus illustres amis, ma personne était saine et sauve; mais j'eus alors mon tour, et je payai de cruels arrérages. Aussitôt que le roi eut été conduit au Temple, ma maison, rue du Bac, fut assaillie, au milieu de la nuit, par quarante ou cinquante citoyens armés. J'étais profondément endormi; ma chambre loin de la rue; ils avaient déjà pénétré dans la maison que je n'étais pas encore réveillé. Toutefois, comme à mesure qu'ils avançaient, ils brisaient tout sur leur passage, je me réveillai en sursaut; et devant naturellement croire, d'après le bruit horrible qui frappait mes oreilles, que ma dernière heure était venue, je n'eus réellement pas d'autre pensée que de me préparer à mourir et de recommander mon âme à Dieu. Cependant, on me laissa le temps de revenir de mon saisissement et je pensai qu'il valait encore mieux faire face au danger que de me laisser poignarder dans mon lit.

Je m'élançai vers ma porte, avant qu'elle fût enfoncée, et, dès que je l'eus ouverte, j'aperçus une douzaine de scélérats, armés de torches et de tous les instruments de mort; une espèce d'officier était à leur tête; je me dirigeai vers lui, et je lui demandai, avec plus d'assurance que je n'en avais en effet, ce que voulait dire cette scène, surtout au milieu de la nuit: Il me fixa avec une insolence qu'on ne peut exprimer; et, après m'avoir bien examiné pendant quelques minutes, il me répondit que ce n'était pas à moi qu'on en voulait.

Mais bientôt après, comme il se repentait de m'avoir rassuré par ces paroles, il revint sur ses pas, et, entrant violemment dans ma chambre, il dit qu'il voulait visiter mes papiers. Cette proposition fut pour moi un coup de foudre, car j'en avais d'une grande importance ; et plusieurs d'entre eux, si on y eût fait attention devaient me conduire à l'échafaud. Malgré tout, je fis bonne contenance, et, comme je savais bien qu'il n'aurait pas le temps de les voir tous dans une nuit, j'eus soin de lui faire passer sous les yeux des papiers soit insignifiants, soit hors de sa portée. Ce travail l'embarrassa beaucoup ; en sorte que, perdant bientôt patience, il partit en concluant que je n'étais pas la personne qu'il devait arrêter ; cependant, résolu de ne pas sortir de la maison sans avoir fait une capture, il s'adressa à un de mes amis qui logeait sous le même toit que moi, et, trouvant sur sa table une lettre qu'il venait de recevoir d'Allemagne, dans laquelle il crut remarquer quelques mots suspects, il l'arrêta. L'infortuné, brusquement saisi par des gardes, fut conduit en prison et massacré quelques jours après, sans forme de procès.

Cette catastrophe horrible m'ayant convaincu de plus en plus que mes papiers pouvaient me compromettre très gravement, je résolus de sacrifier tous ceux que je possédais, quoiqu'il y en eût d'une véritable importance et d'un grand prix pour mon cœur. J'employais deux jours entiers à cette tâche pénible : et il est très heureux que j'aie eu cette pensée, car à peine étaient-ils brûlés, que la maison fut assaillie une seconde fois, mais en plein jour, et avec toutes les circonstances d'une opération légale ; cette expédition avait été confiée à une centaine d'hommes. L'examen fût plus minutieux que le premier ; ce travail dura jusqu'à trois heures du matin ; mais, comme j'avais détruit toutes les pièces suspectes, et qu'il n'y en avait aucune qui pût donner lieu à une accusation, j'obtins une seconde fois la paix. Je ne peux cependant pas me rappeler cette visite sans renouveler les actions de grâces que je dois à la Providence, pour un nouveau témoignage de la protection de Dieu, que je reçus dans cette occasion. Car, malgré le soin avec lequel j'avais détruit tous les papiers qui pouvaient me rendre suspect, une lettre que je venais de recevoir de l'agent de *Monsieur* (plus tard Louis XVIII) m'était échappée ; elle les mettait nettement sur la voie de mes liaisons habituelles avec la cour. Les coquins la tenaient dans leurs mains ; mais, étant fatigués, ils n'y jetèrent seulement pas les yeux. Je ne pensais pas moi-même qu'elle existât, et j'étais dans une grande sécurité, au moment de mon plus grand danger ; ce ne fut que quelques jours après que, l'ayant trouvée, je réfléchis au risque que j'avais couru. J'avoue que mon sang se glaça dans mes veines, et que je reconnus la main de la Providence dans cette conjoncture, dont je l'ai remerciée bien des fois depuis.

Cet événement et beaucoup d'autres moins importants arrivèrent du 13 août au 2 septembre, date à laquelle une nouvelle scène d'horreur eut lieu. Chacun connaît l'histoire de ces jours de sang : ainsi je m'épargnerai la douleur d'entrer dans ces tristes détails.

Je ne parlerai encore que de ce qui me regarde. Aussitôt donc que j'eus entendu sonner le tocsin, signal effrayant du massacre, et que j'eus connaissance du tumulte qu'il répandit dans toute la ville, j'envoyai à la découverte un domestique fidèle (1), pour savoir quel

---

(1) Louis Bousset, dont on parlera plus loin.

événement en était la cause. Le pauvre garçon revint à moitié mort et saisi de terreur, m'apprenant qu'une prison voisine (c'était Saint-Sulpice) avait été envahie par la populace ; que les prisonniers, parmi lesquels étaient presque tous mes amis, avaient déjà perdu la vie ; que le massacre continuait toujours ; et que, lorsque les assassins auraient fini là, ils projetaient de venir à ma maison, rue du Bac. Cette nouvelle m'alarma d'autant plus que les rues étaient remplies de monde, et qu'étant bien connu il me serait très difficile d'échapper. Malgré cela, comme il n'y avait pas de temps à perdre, je changeai d'habit sur-le-champ ; je me déguisai de mon mieux, et je résolus d'essayer par ce moyen de les mettre en défaut. Je réussis au delà de toutes mes espérances. Pas une âme ne prit garde à moi dans mon passage au travers des rues, et j'eus le bonheur de parvenir au logement de ma mère, où je restai caché pendant quelques semaines.

Mais une fausse nouvelle que l'on se disait d'abord à l'oreille, et que par malheur on inséra ensuite dans les papiers publics, m'obligea de quitter mon abri et d'en chercher un autre dans un endroit plus éloigné. — On imprima que l'abbé de Firmont (c'était le nom sous lequel j'étais connu dans Paris) s'était engagé dans les gardes nationales ; et qu'à l'aide de ce déguisement, il avait trouvé moyen de s'introduire au Temple, où il avait de fréquentes conférences avec Madame Elisabeth, et avec le roi lui-même. Je suis sûr que personne ne croyait cette histoire absurde ; mais le soupçon d'une trahison équivalait à la trahison même. La famille royale et mes amis, qui en furent instruits, craignirent les conséquences de cette invention, et m'engagèrent à quitter Paris pour faire tomber ce bruit. Je me retirai donc à Choisy, petit village à trois lieues de la capitale.

Je pris alors le nom d'Edgeworth, afin de vivre là tout à fait inconnu. On me regardait comme un Anglais ruiné, paisible et d'un bon caractère, qui avait fui Paris par amour pour la tranquillité. Mais à peine avais-je passé quelque temps dans cette espèce de solitude, que M. l'Archevêque de Paris fut obligé de quitter son diocèse ; et il m'investit de ses pouvoirs, en me chargeant de gouverner son troupeau. Charge bien imposante en tout temps assurément, mais qui, dans la confusion épouvantable qui régnait partout, était bien au-dessus de mes faibles capacités. Quoi qu'il en soit, c'était mon devoir d'obéir, et je ne me préoccupai plus dès lors que des moyens de rentrer dans Paris... »

CHAPITRE TROISIÈME

Le jour le plus solennel de la vie d'Edgeworth.

LA Providence vint chercher son pieux serviteur, pour lui confier le plus saint de tous les ministères, au moment où, tout occupé de ses obligations nouvelles, il s'y attendait le moins. C'est encore lui-même qui va nous raconter cet événement si décisif dans sa vie et qui fera à jamais l'admiration de la postérité (1).

(1) Ces pages émouvantes, digne complément du testament de Louis XVI, ont été copiées sur un manuscrit, d'une authenticité incontestable, qui se trouve au Musée Britannique.

« Le sort du roi n'était pas encore décidé (1) lorsque M. de Malesherbes, dont je n'avais pas l'honneur d'être personnellement connu, ne pouvant ni me recevoir chez lui, ni se transporter chez moi, me fit demander un rendez-vous chez une tierce personne. Cette entrevue eut lieu chez madame de Senosan.

Là, M. de Malesherbes me remit un message du roi, par lequel cet infortuné Monarque me proposait de l'assister à la mort, si l'atrocité des hommes le conduisait jusque-là. Ce message était conçu en des termes que je me ferais un devoir de supprimer ici, s'ils ne peignaient au naturel l'âme du Prince dont je vais décrire les derniers moments. Il poussait la délicatesse du procédé jusqu'à nommer *grâce* le service qu'il attendait de moi : il le réclamait « comme un dernier gage de mon attachement pour lui ; il espérait que je ne le lui refuserais pas,... et ce n'était que dans le cas où je ne m'en sentirais pas le courage, qu'il me permettait de substituer à ma place un autre ecclésiastique, dont il voulait bien encore m'abandonner le choix. »

On pense bien qu'aucun message, en ma vie, ne m'avait dû donner autant à réfléchir : l'opinion générale était que l'ecclésiastique qui serait appelé à remplir ce ministère sacré ne survivrait pas à son Prince ; et il faut avouer que la politique qui pouvait rendre probable le premier crime, ne devait pas rassurer sur le second. Malgré cela, autant que je le puis croire, cette considération entra pour peu de chose dans la balance de mes résolutions ; et si je ne m'abuse pas, j'étais bien résigné à mon sort. Forcé de prendre un parti sur-le-champ, je résolus d'obéir à ce qui me

(1) Louis XVI fut condamné par la Convention le 17 Janvier 1793.

semblait être alors la voix de Dieu, et mettant tout le reste entre les mains de sa divine Providence, je répondis au meilleur et au plus infortuné des rois, qu'à la vie et à la mort je ne cesserais jamais de remplir mes devoirs, et que mon cœur me les rendait bien chers.

Aussitôt que j'eus donné une réponse définitive, je ne tardai pas à recevoir l'ordre de rester à Paris, et de ne pas sortir de chez moi que je n'eusse vu la tournure que prendraient les affaires. Plusieurs jours s'écoulèrent, et je laisse à penser quelle était l'agitation de mon esprit. J'en profitai pour mettre mes affaires en ordre, pour faire mon testament, et pour prendre, en cas de mort, les dispositions nécessaires au gouvernement du diocèse de Paris dont m'avait chargé l'Archevêque. Ce qui m'embarrassa le plus, ce fut le soin de cacher à ma mère et à ma sœur, avec qui je logeais alors, les arrangements que j'avais à prendre. Nulle part je ne pouvais être mieux à l'abri des recherches que dans un petit coin de leur très petit appartement, où je couchais, prenais mes repas, et recevais la foule. Je continuai à vivre ainsi accablé de travaux et dévoré d'inquiétude jusqu'au 20 janvier. Je reçus alors une note du Conseil exécutif (1), ainsi conçue :

« Le Conseil exécutif provisoire ayant une affaire de la plus haute importance à communiquer au citoyen Edgeworth de Firmont, l'invite à passer, sans perdre un instant, au lieu des séances. »

Il était cinq heures du soir : une voiture attendait à ma porte ; mais prévoyant que ma pauvre mère serait bien alarmée de me voir sortir à la nuit close, lorsque

(1) Il est probable que le domicile de l'abbé Edgeworth avait été désigné au Conseil par le roi lorsqu'il fit la demande de ce prêtre pour recevoir les secours de la religion.

tout Paris était en agitation, j'envoyai vite chercher une de ses amies ; je lui confiai mon secret ; je la priai de le garder jusqu'à ce qu'elle eût de mes nouvelles, et en attendant, de lui dire qu'un mourant m'avait envoyé chercher subitement, et que les soins que j'aurais à lui rendre m'empêcheraient probablement de rentrer de toute la nuit. Cette excuse calma complètement ma mère ; mais ma sœur n'en fut pas la dupe, et elle dit à son amie : « Ah ! ce mourant ! c'est le roi : j'ai toujours eu le pressentiment que mon frère serait appelé dans ces cruels moments... Il est perdu pour moi ; — mais il fait son devoir et je dois me confier dans la Providence. »

Etant descendu de mon appartement, je montai en voiture et partis avec l'étranger.

Arrivé aux Tuileries où le Conseil tenait ses séances, j'y trouvai toujours tous les ministres réunis. La consternation était sur leur visage. Dès que je parus, ils se levèrent, et vinrent m'entourer avec une sorte d'empressement. Le ministre de la justice prenant la parole : « Êtes-vous, me dit-il, le citoyen Edgeworth de Firmont ? » Je lui répondis qu'oui. « Louis Capet, reprit le ministre, nous ayant témoigné le désir de vous avoir auprès de lui dans ses derniers moments, nous vous avons mandé pour savoir si vous consentez à lui rendre le service qu'il attend de vous. » Je lui répondis que puisque le roi témoignait ce désir, et me désignait par mon nom, me rendre auprès de lui était un devoir.

« En ce cas, ajouta le ministre, vous allez venir avec moi au Temple, car je m'y rends de ce pas. » Il prend aussitôt une liasse de papiers sur le bureau, confère un instant, à voix basse, avec les autres ministres et sortant brusquement, me donne ordre de le suivre.

Une escorte de gardes à cheval nous attendait à la porte, avec la voiture du ministre. J'y monte, et il y prend place après moi.

J'étais en habit laïque, comme l'était, à cette époque, tout le clergé catholique deParis. Mais songeant à ce que je devais d'une part au roi, qui n'était pas familiarisé avec un pareil costume ; et de l'autre, à la religion elle-même, qui recevait, pour la première fois, une sorte d'hommage du nouveau gouvernement, je crus avoir le droit de reprendre, en cette occasion, les marques extérieures de mon état ; du moins, en faire une tentative me parut être un devoir. J'en parlai donc au ministre avant de quitter les Tuileries ; mais il rejeta ma proposition en termes qui ne permirent pas d'insister, sans cependant y rien mêler d'offensant.

Ce trajet des Tuileries au Temple se passa dans le plus morne silence. Deux ou trois fois cependant le ministre essaya de le rompre. « Grand Dieu ! s'écria-t-il, après avoir levé les glaces de la voiture, de quelle affreuse commission je me vois chargé ! Quel homme ! ajouta-t-il, en parlant du roi, quelle résignation ! quel courage ! Non, non, la nature toute seule ne saurait donner tant de force. Il y a quelque chose de surhumain. » De pareils aveux me présentaient une occasion bien naturelle d'entrer en conversation avec lui, et de lui dire d'affreuses vérités. J'hésitai un moment sur le parti que je devais prendre ; mais songeant d'un côté que mon premier devoir était de procurer au roi les secours de la religion qu'il me demandait avec tant d'instances ; et de l'autre, qu'une conversation fortement nuancée, comme elle aurait dû l'être, pouvait n'empêcher de le remplir, je pris le parti du silence le plus absolu. Le ministre parut comprendre tout ce que ce silence lui disait, et il n'ouvrit plus la bouche durant le reste du chemin.

Nous arrivâmes ainsi au Temple, sans presque nous être parlé, et la première porte nous fut aussitôt ouverte. Mais, parvenus au bâtiment qui sépare la cour du jardin, nous fûmes arrêtés. C'était, je crois, une consigne générale ; et pour passer outre, il fallait que les commissaires de la Tour vinssent faire connaissance des personnes, et savoir quelle affaire les amenait en ce lieu. Le ministre lui-même me parut être, comme moi, assujetti à cette formalité. Nous attendîmes les commissaires près d'un quart d'heure, et sans nous parler.

Enfin ils se présentèrent ; l'un d'eux était un jeune homme de dix-sept à dix-huit ans ; ils saluèrent le ministre d'un air de connaissance ; celui-ci leur dit en peu de mots qui j'étais, et quelle était ma mission ; ils me firent signe de les suivre, et nous traversâmes tous ensemble le jardin qui mène à la tour.

Ici, la scène devint affreuse, au delà de tout ce qu'il m'est possible d'exprimer. La porte de la tour, quoique très petite et très basse, s'ouvrit avec un fracas horrible, tant elle était chargée de verrous et de barres de fer. Nous passâmes à travers une salle remplie de gardes, dans une salle plus vaste encore, et qui, à sa forme, me parut avoir été autrefois une chapelle. Là, les commissaires de la Commune, chargés de la garde du roi, se trouvaient assemblés. Je ne remarquai pas, à beaucoup près, sur leur physionomie, cette consternation et cet embarras qui m'avaient frappé chez les ministres ; ils étaient à peu près douze, et la plupart en costume jacobin ; leur air, leurs manières, leur sang-froid, tout annonçait des âmes atroces, que la vue du plus grand des crimes n'épouvantait pas. Je dois cependant à la vérité de dire que ce portrait ne convenait pas à tous, et que, dans le nombre, je crus en entrevoir quelques-uns que la faiblesse seule avait conduits dans ce lieu d'horreur.

Quoi qu'il en soit, le ministre les emmena tous indistinctement dans un coin de la salle, et leur lut, à voix basse, les papiers qu'il avait apportés des Tuileries. Cette lecture faite, il se retourna brusquement, et me dit de les suivre ; mais le conseil s'y opposa avec une espèce d'émotion. Ils se réunirent encore une seconde fois, délibérèrent quelques instants, en se parlant à l'oreille ; et le résultat fut qu'une moitié du conseil accompagnerait le ministre qui montait chez le roi, tandis que l'autre moitié resterait pour me garder.

Quand la séparation fut faite, et les portes de la salle bien fermées, le plus ancien des commissaires s'approcha de moi d'un air honnête, mais embarrassé ; il me parla de la responsabilité terrible qui reposait sur sa tête, me demanda mille excuses de la liberté qu'il était forcé de prendre, etc. Je compris que ce préambule allait aboutir à me fouiller, et je le prévins, en lui disant que la réputation de M. de Malesberbes ne l'ayant pas exempté de cette formalité, je ne m'étais pas flatté, en venant au Temple, qu'on ferait une exception pour moi ; que du reste je n'avais rien de suspect, et qu'il ne tenait qu'à lui de s'en assurer. Malgré cette déclaration, la fouille se fit avec assez de rigueur : ma tabatière fut ouverte et le tabac fut éprouvé ; un petit crayon d'acier, qui se trouvait par hasard dans ma poche, fut examiné scrupuleusement, de peur qu'il ne renfermât un poignard. Quant aux papiers que j'avais sur moi, ils n'y firent aucune attention ; et tout se trouvant d'ailleurs en règle, on me renouvela les excuses par lesquelles on avait débuté, et l'on m'invita à m'asseoir. Mais à peine eus-je pris un fauteuil, que deux des commissaires qui étaient montés chez le roi, descendirent pour me dire qu'il m'était permis de le voir. Ils me conduisirent par un escalier tournant, et si étroit, que deux personnes avaient peine à se croiser ; de distance en distance, cet escalier était coupé par des barrières ; à chaque barrière on voyait une sentinelle en faction. Ces sentinelles étaient presque toutes ivres ; et les cris affreux qu'elles poussaient, répétés par les voûtes du Temple, avaient quelque chose d'effrayant.

Parvenu à l'appartement du roi, dont toutes les portes étaient ouvertes, j'aperçus le prince au milieu d'un groupe de huit à dix personnes. C'était le ministre de la justice, accompagné de quelques membres de la Commune, qui venaient de lui lire le fatal décret qui fixait irrévocablement sa mort au lendemain. Il était, au milieu d'eux, calme, tranquille, gracieux même ; et pas un seul de ceux qui l'environnaient n'avaient l'air aussi assuré que lui.

Dès que je parus, il leur fit signe avec la main de se retirer ; ils obéirent sans mot dire ; lui même ferma la porte après eux, et je restai seul dans la chambre avec lui.

Jusqu'ici j'avais assez bien réussi à concentrer les différents mouvements qui agitaient mon âme ; mais à la vue de ce prince, autrefois si grand, et alors si malheureux, je ne fus plus maître de moi-même ; mes larmes s'échappèrent malgré moi, et je tombai à ses pieds, sans pouvoir lui faire entendre d'autre langage que celui de ma douleur ; cette vue l'attendrit mille fois plus que le décret qu'on venait de lui lire. Il ne

Louis XVI condamné par la Convention. (P. 26.)

répondit d'abord à mes larmes que par les siennes ;
mais bientôt, reprenant son courage : « Pardonnez,
me dit-il, Monsieur, pardonnez à ce moment de faiblesse, si toutefois on peut le nommer ainsi. Depuis
longtemps je vis au milieu de mes ennemis, et l'habitude m'a, en quelque sorte, familiarisé avec eux ; mais
la vue d'un sujet fidèle parle tout autrement à mon
cœur ; c'est un spectacle auquel mes yeux ne sont plus
accoutumés, et il m'attendrit malgré moi. »

En disant ces paroles, il me releva avec bonté, et
me fit passer dans son cabinet, afin de m'entretenir
mieux à son aise ; car, de sa chambre, tout était
entendu. Ce cabinet avait été pratiqué dans une des
tourelles du Temple ; il n'avait ni tapisserie ni ornements ; un mauvais poêle de faïence y tenait lieu de
cheminée, et l'on n'y voyait pour tout meuble qu'une
table et trois chaises de cuir.

Là, me faisant asseoir auprès de lui : « C'est donc
à présent, me dit-il, Monsieur, la grande affaire qui
doit m'occuper tout entier ! Hélas ! la seule affaire
importante ! Car, que sont toutes les autres affaires
auprès de celle-là ? Cependant je vous demande quelques moments de répit ; car voilà que ma famille va
descendre. Mais en attendant, ajouta-t-il, voici un
écrit que je suis bien aise de vous communiquer. »
En disant ces paroles, il tira de sa poche un papier
cacheté, et en brisa le sceau. C'était son testament,
qu'il avait fait dès le mois de décembre ; c'est-à-dire,
à une époque où il doutait encore si on lui permettrait
d'avoir un prêtre catholique pour l'assister dans son
dernier combat. Tous ceux qui ont lu cette pièce si
intéressante, et si digne d'un roi chrétien, jugeront
aisément de l'impression profonde qu'elle dut faire sur

moi. Mais ce qui les étonnera sans doute, c'est que ce prince eut la force de la lire lui-même, et de la lire jusqu'à deux fois. Sa voix était ferme, et il ne paraissait d'altération sur son visage que lorsqu'il rencontrait des noms qui lui étaient chers. Alors, toute sa tendresse se réveillait ; il était obligé de s'arrêter un moment, et ses larmes coulaient malgré lui. Mais lorsqu'il n'était question que de lui-même, et de ses malheurs, il n'en paraissait pas plus ému que ne le sont communément les autres hommes, lorsqu'ils entendent le récit des maux d'autrui...

Cette lecture étant finie, et la famille royale ne descendant pas, le roi se hâta de me demander des nouvelles de son clergé, et de la situation actuelle de l'Église de France. Malgré la rigueur de sa prison, il en avait appris quelque chose. Il savait en général que les ecclésiastiques français, obligés de s'expatrier, avaient été accueillis à Londres. Mais il ignorait absolument les détails.

Le peu que je lui en dis parut faire sur lui la plus profonde impression ; et en gémissant sur les maux du clergé de France, il ne se lassait pas de rendre hommage à la générosité du peuple anglais, qui travaillait à les adoucir.

Mais il ne s'en tint pas à ces questions générales, et venant bientôt à des détails complémentaires qui m'étonnèrent moi-même, il voulut savoir ce qu'étaient devenus plusieurs ecclésiastiques auxquels il semblait prendre un intérêt plus particulier, notamment M. le cardinal de La Rochefoucauld, et M. l'évêque de Clermont. Mais son intérêt redoubla au seul nom de M. l'archevêque de Paris. Il me demanda où il était, ce qu'il faisait, et si j'avais des moyens de correspondre avec lui. « Marquez-lui, me dit-il, que je meurs dans sa communion, et que je n'ai jamais reconnu d'autre pasteur que lui. Hélas ! je crains qu'il ne m'en veuille un peu de ce que je ne n'ai pas fait réponse à sa dernière lettre. J'étais encore aux Tuileries ; mais en vérité les événements se pressaient tellement autour de moi à cette époque, que je n'en trouvais pas le temps. Au surplus, il me le pardonnera, j'en suis bien sûr, car il est bon ! » M. l'abbé de Floirac eut aussi son mot. Le roi ne l'avait jamais vu, mais il connaissait tous les services que ce respectable ecclésiastique avait rendus au diocèse de Paris, durant les temps les plus difficiles. Il me demanda ce qu'il était devenu ; et sur ce que je lui dis, qu'il avait eu le bonheur d'échapper, il m'en parla en termes qui marquaient tout le prix qu'il attachait à sa conservation, et l'estime qu'il faisait de ses vertus. Je ne sais par quel hasard la conversation tomba sur M. le duc d'Orléans. Le roi me parut être très instruit de ses menées et du rôle affreux qu'il jouait à la Convention. Mais il en parlait sans ombre d'amertume, et avec plus de pitié que de courroux, « Qu'ai-je donc fait à mon cousin, me dit-il, pour qu'il me poursuive ainsi ?... Mais, pourquoi lui en vouloir ?... Ah ! il est plus à plaindre que moi... Ma position est triste, sans doute ; mais le fût-elle encore davantage, non, très certainement, je ne voudrais pas changer avec lui. »

Cette conversation, si intéressante, fut ici interrompue par un des commissaires, qui vint annoncer au roi que sa famille était descendue, et qu'il lui était permis enfin de la voir. A ces mots il parut tout ému, et il partit comme un trait. L'entrevue eut lieu (autant que j'en puis juger, car je n'y assistai pas), dans une petite pièce, qui n'était séparée que par un vitrage de celle qu'occupaient les commissaires : en sorte que ceux-ci pouvaient tout voir et tout entendre. Moi-même, quoique enfermé dans le cabinet où le roi m'avait laissé, je distinguais facilement les voix ; et, malgré moi, j'étais témoin de la scène la plus touchante qui eût jamais frappé mes oreilles. Non, jamais ma plume ne saurait rendre tout ce qu'elle eut de déchirant. Pendant près d'un quart d'heure on n'articula pas une seule parole. Ce n'étaient ni des larmes, ni des sanglots ; c'étaient des cris perçants, qui devaient être entendus hors de l'enceinte de la tour. Le roi, la reine, Mgr le dauphin, Mme Elisabeth, Mme Royale, tous se lamentaient à la fois, et les voix semblaient se confondre. Enfin les larmes cessèrent, parce qu'on n'eut plus la force d'en répandre. On se parla à voix basse, et assez tranquillement. La conversation dura à peu près une heure, et le roi congédia sa famille, en lui donnant l'espérance de la revoir le lendemain.

Il revint aussitôt à moi, mais dans un état de trouble et d'agitation qui montrait une âme profondément blessée. « Ah ! Monsieur, me dit-il en se jetant sur une chaise, quelle rencontre que celle que je viens d'avoir ! Faut-il donc que j'aime si tendrement, et que je sois si tendrement aimé !... Mais c'en est fait ; oublions tout le reste pour ne penser qu'à l'unique affaire. Elle seule doit concentrer dans ce moment toutes mes affections et toutes mes pensées. »

Il continuait à me parler ainsi, en termes qui marquaient à la fois sa sensibilité et son courage, lorsque Cléry vint lui proposer le souper. Le roi hésita un moment ; mais après réflexion, il accepta l'offre ; le souper ne dura pas plus de cinq minutes. Etant rentré dans le cabinet, il me proposa d'en faire autant ; je n'en avais guère le courage, mais pour ne pas le désobliger, je crus devoir obéir.

Une pensée occupait fortement mon esprit, depuis que je voyais de plus près le roi ; c'était de lui procurer, à quelque prix que ce fût, la sainte communion, dont il avait été si longtemps privé. J'aurais pu la lui apporter en secret, comme on était obligé de le faire alors à tous les fidèles qui étaient retenus chez eux ; mais la fouille exacte qu'il fallait subir au Temple, et la profanation qui en eût été infailliblement la suite, furent des raisons plus que suffisantes pour m'arrêter.

Il ne me restait donc d'autre ressource que de dire la messe dans la chambre même du roi, si j'en pouvais trouver les moyens. Je lui en fis la proposition, mais il en parut d'abord effrayé ; cependant, comme il sentit tout le prix de cette grâce, qu'il la désirait ardemment, et que toute son opposition ne venait que de la crainte de me voir compromis, je le suppliai de me donner son agrément, en lui promettant que j'y mettrais prudence et discrétion. Il me le permit enfin : « Allez, me dit-il, Monsieur ; mais je crains bien que vous ne réussissiez pas ; car je connais les hommes auxquels vous allez avoir affaire ; ils n'accordent que ce qu'ils ne peuvent refuser. »

Muni de cette permission, je demandai à être conduit à la salle du conseil, et j'y formulai ma demande au nom du roi. Cette proposition à laquelle les commissaires de la tour n'étaient pas préparés, les déconcerta extrêmement, et ils cherchaient différents prétextes pour l'éluder. « Où trouver un prêtre, à l'heure qu'il est ? me dirent-ils. Et, quand nous en trouverions un, comment faire pour lui procurer les ornements ? — Le

prêtre est tout trouvé, leur répliquai-je, puisque me
voici : et quant aux ornements, l'église la plus voisine
en fournira ; il ne s'agit que de les envoyer chercher :
du reste, ma demande est juste, et ce serait aller
contre vos propres principes que de la refuser. » Un
des commissaires prit aussitôt la parole, et (quoique
en termes ménagés) donna clairement à entendre que
ma demande pouvait n'être qu'un piège, et que, sous
prétexte de donner la communion au roi, je pouvais
l'empoisonner : « L'histoire ajouta-t-il, nous fournit
assez d'exemples pour ne pas nous engager à être
circonspects. » Je me contentai de regarder fixement
cet homme et de lui dire : « La fouille exacte à laquelle
je me soumis en entrant ici, a dû vous prouver que je
ne porte pas de poison sur moi : si donc il s'en trouvait
demain, c'est de vous que je l'aurais reçu, puisque tout
ce que je demande pour dire la messe doit passer par
vos mains. » Il voulut répliquer, mais ses confrères
lui imposèrent silence ; et, pour dernier subterfuge,
ils me dirent que le conseil n'étant pas complet, ils ne
pouvaient rien prendre sur eux ; mais qu'ils allaient
appeler les membres absents, et qu'ils me feraient part
du résultat de la délibération.

Un quart d'heure se passa tant à convoquer les membres absents qu'à délibérer. Au bout de ce temps, je fus
introduit de nouveau, et le président, prenant la parole,
me dit : « Citoyen Ministre du culte, le conseil a pris en
considération la demande que vous lui avez faite au nom
de Louis Capet, et il a été résolu que sa demande étant
conforme aux lois qui déclarent que tous les cultes sont
libres, elle lui serait accordée. Nous y mettons cependant deux conditions : la première, que vous dresserez
à l'instant une requête constatant votre demande, et

signée de vous ; la seconde, que l'exercice de votre
culte sera achevé demain à sept heures au plus tard,

LOUIS XVI.

parce qu'à huit précises, Louis Capet doit partir pour
le lieu de son exécution ».

Ces derniers mots me furent dits, comme tout le reste,

4

avec un sang-froid qui caractérisait une âme atroce, qui envisageait le plus grand des crimes sans remords. Quoi qu'il en soit, je mis ma demande par écrit, et je la laissai sur le bureau. On me reconduisit aussitôt chez le Roi, qui attendait avec une sorte d'inquiétude le dénouement de cette affaire ; le compte sommaire que je lui rendis, en supprimant toutes les circonstances, parut lui faire le plus sensible plaisir.

Il était plus de dix heures, et je restai enfermé avec le Roi jusque bien avant dans la nuit ; mais, le voyant fatigué, je lui proposai de prendre un peu de repos ; il y consentit avec sa bonté ordinaire, et il m'engagea à en faire autant. Je passai, sur ses ordres, dans la petite pièce qu'occupait Cléry. Cette pièce n'était séparée de la chambre du Roi que par une cloison, et tandis que j'étais livré aux pensées les plus accablantes, j'entendis ce Prince donner tranquillement ses ordres pour le lendemain, et se coucher ensuite.

Dès cinq heures il se leva et fit sa toilette à l'ordinaire ; peu après, il m'envoya chercher, et m'entretint près d'une heure dans le cabinet où il m'avait reçu la veille. Au sortir du cabinet, je trouvai un autel tout dressé dans la chambre du Roi ; les commissaires avaient exécuté à la lettre tout ce que j'avais exigé d'eux. Ils avaient même été au delà de mes désirs ; car je n'avais demandé que le simple nécessaire.

Le Roi entendit la messe à genoux, par terre, sans prie-Dieu et sans coussin ; il y communia. Je lui laissai ensuite quelque temps pour achever ses prières. Bientôt il m'envoya chercher de nouveau, et je le trouvai assis près de son poêle, et ayant peine à se réchauffer. « Mon Dieu, dit-il, que je suis heureux d'avoir mes principes ! Sans eux, où en serais-je maintenant ? Mais avec eux, que la mort doit me paraître douce ! Oui, il existe en haut un Juge incorruptible, qui saura bien me rendre la justice que les hommes me refusent ici-bas. »

Le ministère que j'ai rempli auprès de ce Prince ne me permet pas de citer quelques traits épars des différentes conversations qu'il eut avec moi durant ses seize dernières heures ; mais par le peu que j'en dis, on peut juger de tout ce que je pourrais ajouter, s'il m'était permis de tout dire.

Le jour commençait à paraître, et déjà on battait la générale dans toutes les sections de Paris. Ce mouvement extraordinaire se faisait entendre très distinctement dans la tour, et j'avoue qu'il me glaçait le sang dans les veines ; mais le Roi, plus calme que moi, après y avoir prêté un moment l'oreille, me dit sans s'émouvoir : « C'est probablement la garde nationale qu'on commence à rassembler. » Peu après, des détachements de cavalerie entrèrent dans la cour du Temple, et on entendit parfaitement la voix des officiers, et les pieds des chevaux ; le Roi écouta encore, et me dit, avec le même sang-froid : « Il y a apparence qu'ils approchent ».

Il avait promis à la Reine, en la congédiant la veille, qu'il la reverrait encore le lendemain ; et, n'écoutant que son cœur, il voulait lui tenir parole.

Mais je le suppliai instamment de ne pas la mettre à une épreuve qu'elle n'aurait pas la force de soutenir. Il s'arrêta un moment, et avec l'expression de la douleur la plus profonde : « Vous avez raison, me dit-il, Monsieur ; ce serait lui donner le coup de la mort ; il vaut mieux me priver de cette triste consolation, et la laisser vivre d'espérance quelques moments de plus ».

Depuis sept heures jusqu'à huit, on vint, sous différents prétextes, frapper à la porte du cabinet où j'étais renfermé avec le Roi, et à chaque fois je tremblais que ce ne fût la dernière, mais le Roi, plus ferme que moi, se levait sans émotion, allait à la porte, et répondait tranquillement aux personnes qui venaient ainsi l'interrompre.

J'ignore quelles étaient ces personnes; mais parmi elles se trouvait certainement un des plus grands monstres que la révolution eût enfantés; car je l'entendis très distinctement dire à ce Prince, d'un ton moqueur, (je ne sais à quel propos) : « Oh! oh! tout cela était bon lorsque vous étiez Roi, mais vous ne l'êtes plus. » Le Roi ne répliqua pas un mot; mais revenant à moi, il se contenta de me dire : « Voyez comme ces gens-là me traitent; mais il faut savoir tout souffrir ».

Une autre fois, après avoir répondu à un des commissaires qui était venu l'interrompre, il rentra dans le cabinet, et me dit en souriant : « Ces gens-là voient partout des poignards et du poison. Ils craignent que je ne me tue : hélas! ils me connaissent bien mal! Me tuer serait une faiblesse; non, puisqu'il le faut, je saurai bien mourir. »

Enfin on frappa à la porte pour la dernière fois. C'était Santerre et sa troupe. Le Roi ouvrit la porte à son ordinaire, et on lui annonça (je ne pus entendre en quels termes) qu'il fallait aller à la mort. « Je suis en affaire, leur dit-il avec autorité, attendez-moi là; dans quelques minutes je serai à vous. »

En disant ces paroles, il ferma la porte, et vint se jeter à mes genoux : « Tout est consommé, mé dit-il; Monsieur, donnez-moi votre dernière bénédiction, et priez Dieu qu'il me soutienne jusqu'au bout. » Il se releva bientôt, et sortant du cabinet, il s'avança vers la troupe qui était au milieu de sa chambre à coucher. Leurs visages n'annonçaient rien moins que l'assurance. Ils avaient cependant tous le chapeau sur la tête, et le Roi s'en apercevant, demanda aussitôt le sien ; tandis que Cléry, baigné de larmes, court pour le chercher : « Y a-t-il parmi vous quelque membre de la Commune ? leur dit le Roi : je le charge d'y déposer cet écrit. » C'était son testament ; et un des assistants le prit de la main du Roi. « Je recommande aussi à la Commune Cléry, mon valet de chambre, des services duquel je n'ai qu'à me louer. On aura soin de lui donner ma montre et tous mes effets; tant ceux que j'ai ici, que ceux qui ont été déposés à la Commune. Je désire également, qu'en récompense de l'attachement qu'il m'a témoigné, on le fasse passer au service de la Reine... de ma femme, » (car le Roi dit les deux.) Personne ne répondant : « Marchons ! » leur dit le Roi d'un ton ferme. A ces mots, toute la troupe défile. Le Roi traversa à pied la première cour (autrefois le jardin.) Il se retourna une ou deux fois vers la tour, comme pour dire adieu à tout ce qu'il avait de plus cher en ce bas monde; et au mouvement qu'il fit, on voyait qu'il rappelait sa force et son courage. A l'entrée de la seconde cour, se trouvait une voiture de place. Deux gendarmes tenaient la portière. A l'approche du Roi, l'un d'eux y entra le premier, et se plaça sur le devant. Le Roi monta ensuite et me plaça à côté de lui dans le fond. L'autre gendarme y sauta le dernier, et ferma la portière. On assure que ces gendarmes avaient ordre d'assassiner le Roi au moindre mouvement qu'ils remarqueraient dans le peuple. J'ignore si c'était là leur consigne ; mais il me semble qu'à moins d'avoir sur eux d'autres armes que celles qui paraissaient, il leur eût été bien difficile d'exécuter leur dessein ; car on ne voyait que leurs fusils, dont il leur était impossible de faire usage.

Au reste, ce mouvement qu'on appréhendait n'était rien moins qu'une chimère. Un grand nombre de personnes dévouées au Roi avaient résolu de l'arracher de vive force des mains de ses bourreaux, ou du moins de tout oser pour cela. Deux des principaux acteurs, jeunes gens d'un nom très connu, étaient venus m'en prévenir la veille ; et j'avoue que, sans me livrer absolument à l'espérance, j'en conservai cependant une lueur jusqu'au pied de l'échafaud. J'ai appris depuis que les ordres de cette affreuse matinée avaient été conçus avec tant d'art, et exécutés avec tant de précision, que de quatre ou cinq cents personnes qui s'étaient ainsi dévouées pour leur prince, vingt-cinq seulement avaient réussi à gagner le lieu du rendez-vous. Toutes les autres, par l'effet des mesures prises dès la pointe du jour, dans toutes les rues de Paris, ne purent pas même sortir de leurs maisons.

Quoi qu'il en soit, le Roi se trouvant resserré dans une voiture, où il ne pouvait ni me parler ni m'entendre sans témoins, prit le parti du silence. Je lui présentai aussitôt mon bréviaire, le seul livre que j'eusse sur moi, et il parut l'accepter avec plaisir. Il témoigna même désirer que je lui indiquasse les psaumes qui convenaient le mieux à sa situation, et il les récitait alternativement avec moi. Les gendarmes, sans ouvrir la bouche, paraissaient extasiés et confondus tout ensemble, de la piété tranquille d'un monarque qu'ils n'avaient sans doute jamais vu d'aussi près. La marche dura près de deux heures. Toutes les rues étaient bordées de plusieurs rangs de citoyens armés, tantôt de piques, tantôt de fusils. En outre, la voiture elle-même était entourée d'un corps de troupes imposant, et formé sans doute de ce qu'il y avait de plus corrompu dans Paris. Pour comble de précautions, on avait placé, en avant des chevaux, une multitude de tambours, afin d'étouffer, par ce bruit, les cris qui auraient pu se faire entendre en faveur du Roi. Mais comment aurait-on entendu des cris ? personne ne paraissait ni aux portes ni aux fenêtres, et on ne voyait dans les rues que des citoyens armés, c'est-à-dire, des citoyens qui, tout au moins par faiblesse, concouraient au crime.

La voiture parvint ainsi dans le plus morne silence à la place Louis XV, et s'arrêta au milieu d'un grand espace vide qu'on avait laissé autour de l'échafaud. Cet espace était bordé de canons; et au delà, tant que la vue pouvait s'étendre, on voyait une multitude en armes. Dès que le Roi sentit que la voiture n'allait plus, il se retourna, et me dit à l'oreille : « Nous voilà arrivés, si je ne me trompe. » Mon silence lui répondit qu'oui. Un des bourreaux vint aussitôt ouvrir la portière, et les gendarmes voulurent descendre ; mais le Roi les arrêta, et appuyant sa main sur mon genou : « Messieurs, leur dit-il d'un ton de maître, je vous recommande Monsieur que voilà ; ayez soin qu'après ma mort il ne lui soit fait aucune insulte. Je vous charge d'y veiller. » Ces deux hommes ne répondant rien, le Roi voulut reprendre d'un ton plus haut ; mais l'un d'eux lui coupa la parole : « Oui, oui, lui répondit-il, nous en aurons soin ; laissez-nous faire. » Et je dois ajouter que ces mots furent dits d'un ton de voix qui aurait dû me glacer, si dans un moment tel que celui-là il m'eût été possible de me replier sur moi-même.

Dès que le Roi fut descendu de voiture, trois bourreaux l'entourèrent, et voulurent lui ôter ses habits.

Mais il les repoussa avec fierté. Il défit lui-même son col, ouvrit sa chemise, et l'arrangea de ses propres mains ! Les bourreaux, que la contenance fière du Roi avait déconcertés un moment, semblèrent alors reprendre de l'audace. Ils l'entourèrent de nouveau, et voulurent lui prendre les mains. « Que prétendez-vous ? leur dit le Prince, en retirant ses mains avec vivacité. — Vous lier, répondit un des bourreaux. — Me lier ! repartit le Roi d'un air indigné. Je n'y consentirai jamais ; faites ce qui vous est commandé, mais vous ne me lierez pas : renoncez à ce projet. » Les bourreaux insistèrent ; ils élevèrent la voix, et semblaient déjà vouloir appeler du secours pour le faire de vive force.

C'est ici peut-être le moment le plus affreux de cette désolante matinée : une minute de plus, et le meilleur des Rois recevait sous les yeux de ses sujets rebelles, un outrage mille fois plus insupportable que la mort, par la violence qu'on semblait vouloir y mettre. Il parut le craindre lui-même ; et se retournant vers moi, il me regarda fixement comme pour me demander conseil. Hélas ! il m'était impossible de lui en donner un, et je ne lui répondis d'abord que par mon silence. Mais comme il continuait de me regarder : « Sire, lui dis-je avec larmes, dans ce nouvel outrage je ne vois qu'un dernier trait de ressemblance entre votre Majesté et le Dieu qui va être sa récompense. » A ces mots il leva les yeux au Ciel avec une expression de douleur que je ne saurais jamais rendre. « Assurément, me dit-il, il ne me faudra rien moins que son exemple pour que je me soumette à un pareil affront ; » et se tournant vers les bourreaux : « Faites ce que vous voudrez, leur dit-il, je boirai le calice jusqu'à la lie. »

Les marches qui conduisaient à l'échafaud étaient

BAYEUX. (P. 61.)

extrêmement raides à monter. Le Roi fut obligé de s'appuyer sur mon bras ; et à la peine qu'il semblait prendre, je craignis un moment que son courage ne commençât à fléchir. Mais quel fut mon étonnement, lorsque parvenu à la dernière marche, je le vis échapper pour ainsi dire de mes mains, traverser d'un pied ferme toute la largeur de l'échafaud, imposer silence par son seul regard à quinze ou vingt tambours qui étaient placés vis-à-vis de lui, et d'une voix forte, prononcer distinctement ces paroles à jamais mémorables : « Je meurs innocent de tous les crimes qu'on m'impute. Je pardonne aux auteurs de ma mort, et je prie Dieu que le sang que vous allez répandre ne retombe jamais sur la France. »

Il allait continuer, mais un homme à cheval, et en uniforme national, fondant tout à coup, l'épée à la main, et, avec des cris féroces, sur les tambours, les obligea à rouler.

Plusieurs voix se firent entendre en même temps pour encourager les bourreaux. Ils parurent s'animer eux-mêmes, et saisissant avec effort la personne du roi, ils le traînèrent sous la hache, qui d'un seul coup fit tomber sa tête (1).

Tout cela fut l'ouvrage de peu d'instants. Le plus jeune des bourreaux (il ne semblait pas avoir plus de

(1) Il est à remarquer que dans son récit Edgeworth ne fait aucune mention de cette sublime apostrophe qu'il aurait, d'après la tradition, adressée au roi mourant : « Fils de Saint Louis, montez au ciel ! » Est-ce par modestie qu'il n'en a pas parlé ? On lui a demandé à lui-même s'il se rappelait cette exclamation. Il a répondu qu'il ne pouvait affirmer s'il l'avait proférée ou non ; qu'il était possible qu'elle lui eût échappé, sans que pour cela il en eût conservé le souvenir, parce que son âme était dans un tel état d'exaltation, et ses facultés dans un si grand abattement, que sa mémoire ne lui retraçait rien de particulier sur ce qu'il avait pu dire dans ce terrible moment. (*Note du premier éditeur.*)

dix-huit ans), saisit aussitôt la tête, et la montra au peuple, en faisant le tour de l'échafaud. Il accompagnait cette cérémonie monstrueuse des cris les plus atroces. Le plus morne silence régna d'abord. Bientôt quelques cris de : Vive la République ! se font entendre. Peu après les voix se multiplièrent, et dans moins de dix minutes ce cri, mille fois répété, devint le cri de la multitude, et tous les chapeaux furent en l'air. Je fus terrifié à ce spectacle.... »

CHAPITRE QUATRIÈME

Merveilleuse délivrance de l'abbé Edgeworth.

'est encore le saint confesseur de Louis XVI qui a consigné, dans un mémoire adressé à l'un de ses frères, les mémorables événements qui suivirent pour lui l'exécution du roi de France et les circonstances évidemment providentielles qui le firent échapper aux plus effrayants périls.

« Vous serez certainement curieux, écrit-il, d'apprendre par quelles heureuses coïncidences j'ai pu me soustraire aux dangers qui exposaient ma vie. Amis et ennemis, tout le monde croyait, lorsque j'eus accompli ma mission, que mon sort était décidé et que, comme mon souverain, je porterais ma tête à l'échafaud. Comment suis-je encore sain et sauf ? Je n'en sais en vérité rien. Tout ce que je puis dire, c'est qu'après que j'eus entendu le coup fatal qui mettait fin aux jours de

Louis XVI, je me prosternai à genoux, et que je restai dans cette position jusqu'au moment où l'infâme scélérat, qui avait joué le premier rôle de cette tragédie, vint avec des cris de joie montrer à la populace la tête du roi et m'arrosa de son sang.

En ce moment, je commençai à songer à moi-même et je me dis qu'il était temps de m'éloigner de l'échafaud ; mais jetant les yeux autour de moi, je me vis cerné par vingt ou trente mille hommes armés ; et vouloir percer cette foule me semblait une extravagance. Cependant, comme il fallait prendre ce parti, ou, en restant, paraître partager le délire de la multitude, je recommandai mon âme à Dieu, et me dirigeai vers le côté où les rangs me semblaient être moins épais. Tous les regards étaient fixés sur moi ; mais à ma grande surprise, quand j'eus gagné le premier rang, je ne trouvai aucune résistance ; le second s'ouvrit de même ; et, lorsque j'arrivai au quatrième ou au cinquième, on ne fit plus à moi la moindre attention ; on m'avait défendu de prendre aucun des vêtements de mon état ; je n'avais qu'une mauvaise redingote ; je me trouvai bientôt confondu dans cette foule immense, comme si j'eusse été un simple spectateur de cette affreuse scène, qui sera à jamais le deuil et l'opprobre de la France.

Étonné de vivre encore et d'être libre, mon premier soin fut d'aller, en toute hâte, chez M. de Malesherbes, pour qui le Roi m'avait chargé du plus important message. Je trouvai ce respectable et malheureux vieillard baigné dans ses larmes ; mon récit ne fit qu'en augmenter le cours. Mais oubliant ses propres malheurs, et voulant bien s'occuper des dangers dont il croyait que j'étais, à l'instant même, menacé : « Fuyez, me dit-il, fuyez, mon cher monsieur, cette terre d'horreur et les tigres qui y sont déchaînés ; jamais, non jamais ils ne vous pardonneront l'attachement que vous avez montré pour le plus infortuné des Rois, et le devoir que vous avez rempli aujourd'hui est un crime qu'ils voudront venger tôt ou tard. Moi-même, quoique je me sois moins exposé que vous à leur furie, j'ai le projet de me retirer, sans plus tarder, à ma terre ; mais vous, mon cher monsieur, ce n'est pas seulement Paris, c'est la France entière qu'il faut quitter, car il n'y a pas un coin où vous puissiez être en sûreté. »

La prévoyance et l'amitié dictaient cet avis ; mais trois considérations me le firent repousser. D'abord la pensée des besoins du diocèse, auquel je me devais entièrement, tant qu'il me serait possible d'y tenir ; ensuite, la position de Mme Élisabeth, avec qui, malgré la surveillance de ses geôliers, je correspondais de temps en temps, et que j'avais promis de ne pas abandonner ; enfin, quelques ordres d'une grande importance que le Roi lui-même m'avait donnés, et qu'il m'aurait été impossible d'exécuter si j'avais été hors de France.

Je pensai donc que je pourrais tout concilier en me cachant pendant quelque temps.

J'écrivis à ma sœur « que j'existais encore » ; et dès que le jour fut tombé, je me jetai dans une voiture, qui me conduisit chez un ami, à trois lieues de Paris. Cet ami, dont le nom ne doit plus être un secret pour vous, puisque votre frère lui doit la vie, c'était le baron de La Lézardière, homme d'un caractère irréprochable, avancé en âge, et vivant alors dans une grande aisance. Non seulement il me reçut à bras ouverts ; mais méprisant tous les dangers qu'il avait à courir, lui et sa famille, en recevant un tel hôte, il voulut que je regardasse sa maison comme la mienne, sans plus chercher un autre asile. Je fus là pendant trois mois l'objet des soins les plus dévoués de l'amitié ; et quoique sa famille fût considérable et ses domestiques nombreux, je fus tout à fait ignoré dans le pays, tant le secret fut bien gardé.

J'avais à peine été quelque temps dans cette heureuse retraite, que nous apprîmes, de Paris, que ma tête avait été demandée par trois clubs différents ; et que dans celui des jacobins, notamment, il avait été dit que cette réparation était due à mon crime, ayant montré tant d'attachement au tyran, etc., etc... Il y avait là de quoi nous inquiéter ; mais un gazetier, ami ou ennemi, je n'en sais rien, ayant publié quelques jours après, que je m'étais évadé en Angleterre ; que j'y avais de fréquentes conférences, non seulement avec les émigrés les plus marquants, mais même avec M. Pitt, cette fable s'accrédita, et on ne pensa plus à moi.

Ce faux bruit, qui dans un sens m'était favorable, sous d'autres rapports, m'affligea vivement ; je me trouvai obligé à bien plus de précautions pour me cacher. Car, si, par la suite, on m'eût découvert, on m'aurait alors regardé comme un émissaire du gouvernement anglais, comme un agent des émigrés, comme un émigré moi-même ; circonstances qui toutes aggravaient beaucoup ma position, et ajoutaient de nouveaux crimes au premier. Il en résulta que je ne pouvais plus sortir du tout de la maison, et que je n'osais risquer le voyage de Paris que la nuit ; je n'y passais jamais qu'un jour ou deux de suite, et quoique ma maison dût être ouverte à tout le monde, puisque je me devais à tous, très peu de gens savaient où j'étais, et comment s'y prendre pour me trouver. Il est vrai que de la campagne que j'habitais j'entretenais une nombreuse correspondance avec la ville. Mais toutes les affaires ne pouvaient pas se faire par lettres, et je ne tardai pas à m'apercevoir que le diocèse, confié à mes soins, loin de prospérer dans mes mains, souffrait sensiblement de mon absence.

Dans cette situation pénible, et ne sachant quel parti prendre, j'écrivis une longue lettre à l'archevêque pour lui rendre un compte exact et lui demander son avis ; mais, par un grand malheur pour moi, cette lettre, quoiqu'elle eût été adressée à un officier qui avait un commandement sur les frontières, et qui favorisait notre correspondance, fut saisie, fut ouverte et envoyée au comité de salut public. Peu de temps après, la maison de M. de La Lézardière, où j'étais caché, fut entourée en plein jour, et toute la famille, pensant que cet orage était dirigé contre moi seul, se jeta à mes genoux pour me prier, pendant qu'il était temps encore, de songer à ma sûreté par une prompte fuite.

Je cédai, quoique avec peine, à leurs prières. Je jetai au feu tous mes papiers ; je m'échappai par une porte de derrière qui donnait dans les champs, où je restai jusqu'à ce que la nuit fut venue. Mais quel fut mon désespoir, lorsqu'en rentrant, j'appris le sort épouvantable de mes respectables amis ! On avait enlevé, pour les conduire en prison, M. de La Lézardière, sa fille aînée et son plus jeune fils. Trois fois, sur la route, cette bande de cannibales s'était arrêtée pour délibérer entre eux s'il ne vaudrait pas mieux abréger l'affaire, et les massacrer sur-le-champ. J'ai cru, pendant quelques jours, que j'étais la seule et bien innocente cause de leur malheur ; jamais douleur ne fut plus amère ; mais cet ami, généreux jusque dans les fers, eut soin de me faire savoir que, dans aucun de ses interrogatoires, on n'avait proféré mon nom. C'était encore trop de le savoir arrêté ; car alors la prison et la mort étaient une même chose. Cependant, après dix jours de détention, il fut remis en liberté, et tout se borna à la perte de mes papiers.

Ce malheur me fut très sensible ; mais parmi ceux que je regrettais le plus, — parce que suivant toutes les probabilités c'était une perte irréparable, — ce furent les lettres que Mme Élisabeth m'avait écrites du Temple. Je vous ai déjà donné à entendre que malgré la vigilance infatigable de ses geôliers, cette Princesse infortunée avait trouvé moyen de correspondre avec moi de temps en temps, et de me demander conseil sur quelques circonstances critiques qui se présentèrent pendant son emprisonnement. Ces lettres m'arrivaient dans des pelotons de soie ; et toutes nos mesures étaient si bien prises que, malgré tous les soupçons, cette correspondance ne fut jamais découverte. J'avais été déjà forcé de sacrifier, dans un de mes dangers pressants, toutes les lettres qu'elle m'avait écrites avant sa prison. Je ne sentais pas alors toute l'étendue de cette perte, parce qu'elle vivait encore, et pouvait la réparer ; mais quand je pense qu'aujourd'hui elle n'est plus, et que ces dernières pages, baignées de ses larmes, et qui peignaient, sous de si vives couleurs, sa résignation et son courage, sont perdues pour la postérité, je ne puis m'empêcher de pleurer cette perte comme un malheur public.

Pour en revenir à mon sujet, le brave officier qui favorisait ma correspondance avec M. l'Archevêque, fut bientôt appelé pour rendre compte d'une lettre anonyme qui avait été mise à la poste à son adresse. Ce n'était pas pour lui que les conséquences devaient être fatales, car il pouvait dire qu'il en ignorait le contenu ; c'était pour l'auteur, dont la présence en France ne pouvait plus être mise en doute. Tous mes amis se réunirent pour me supplier de me retirer dans une province éloignée. J'eus tout au plus le temps de voir et d'embrasser ma pauvre mère, (ce fut pour la dernière fois) et de prendre, autant que je le pouvais dans de telles circonstances, quelques mesures pour l'administration du diocèse. Ces deux devoirs remplis, je me mis en voiture, et, sous le nom d'Essex (1), je partis pour Montigny, où M. le comte de Rochechouart me reçut dans son château avec une extrême bonté.

Dès que j'y fus arrivé, mon premier soin fut d'écrire à l'agent fidèle de Mme Élisabeth ; je lui donnai bien exactement mon adresse, dans le cas où elle aurait encore à m'envoyer quelques pelotons de soie. Cette lettre, signée Essex, était adressée à son agent ; mais elle était déjà mise à la poste quand j'appris que quelques jours après mon départ de Paris, cet agent avait été arrêté, pour avoir favorisé une correspondance secrète avec un prisonnier de la famille royale. On me donna aussi l'avis qu'un de mes amis ayant été mandé au Comité de Salut public, et interrogé sur sa lettre que j'avais écrite à M. l'Archevêque, avait, sans y prendre garde, découvert précisément le nom sous lequel j'étais caché. On ne peut pas réunir plus de circonstances fatales ; car la lettre que j'avais jetée à la poste étant adressée à un prisonnier, devait aller au Comité de Salut public ; et là, sans aucune autre recherche, le Comité trouvait, non seulement mon écriture pour la comparer avec la lettre anonyme écrite à

(1) Nous avons dit, au commencement de cet ouvrage, que l'abbé Edgeworth avait pour prénoms Henri-Essex.

l'Archevêque, mais mon nom en toutes lettres, et tous les moyens de me trouver, donnés par moi-même. Je vous laisse à juger, mon très cher Frère, dans quelles perplexités me jeta cette nouvelle. Mais la Providence eut encore une fois pitié de ma détresse ; je passai une semaine dans la plus vive anxiété, et à la fin la personne elle-même qui avait été arrêtée m'écrivit qu'on avait assoupi son affaire, et que ma lettre lui avait été remise.

Je passe sous silence une foule d'incidents moins importants qui sont survenus pendant les quatre mois que je passai chez M. de Rochechouart. Je vais vous conter actuellement ce qui m'obligea de m'éloigner de chez lui, et de chercher une retraite plus sûre. Le Comité de Salut public ayant découvert le nom sous lequel je me cachais en France, imagina, je ne sais pourquoi, de faire mettre dans les journaux un article, dont l'objet était une prétendue correspondance qu'on supposait avoir existé entre Louis XVI et le roi de Prusse.

Cet article ne signifiait rien du tout ; mais pour attirer un peu l'attention, le rédacteur informait ses lecteurs qu'il tenait l'anecdote de M. Essex, le dernier ami de Louis XVI, et que M. Essex devait le mieux savoir ce qui s'était passé. Ce journal vint à Montigny, où je me montrais publiquement. On me prenait pour un Anglais ruiné, voyageant pour ses affaires ou pour sa santé. Tout à coup cette ressemblance de nom fit qu'on examina davantage ma personne, qu'on y crut remarquer je ne sais quoi d'ecclésiastique, et les imaginations travaillèrent. Je fus quelques jours sans mettre grande importance à des pourparlers que je remarquais, espérant que l'anecdote et son auteur seraient bientôt oubliés. Mais lorsque je m'efforçais ainsi de me tranquilliser, un homme d'un âge avancé et de la plus noble apparence vint au château demander M. Essex. On le fit entrer ; et lorsqu'il fut sans témoin, il me dit : « Monsieur, votre présence ici n'était pas un secret pour le public ; elle n'y avait encore excité aucuns soupçons ; vous paraissiez un homme sans importance. Mais un paragraphe qui a été mis dernièrement dans les gazettes, est devenu le sujet de toutes les conversations, et tous les yeux, dans le pays, sont maintenant fixés sur vous. Ayez la bonté de lire cet article, et si vous y trouvez votre signalement, oh! mon cher Monsieur! permettez à un homme qui a été votre ami avant de vous avoir connu, de vous prier de songer à votre sûreté, et de fuir pendant qu'il est encore temps, sinon vous serez indubitablement arrêté. »

Cette visite inattendue m'alarma, comme vous pouvez croire. Je remerciai l'inconnu dans les termes les plus vifs, et après avoir tenu conseil avec le peu d'amis que je m'étais faits dans ce canton, il fut unanimement résolu qu'il fallait fuir en toute hâte et chercher refuge ailleurs. Je me décidai pour Fontainebleau, comme un des séjours les plus tranquilles de France ; je n'y avais ni amis, ni connaissances, si ce n'est une dame que je n'avais rencontrée qu'une seule fois. Dès qu'elle sut mon arrivée, elle vint à mon secours. Son crédit, sa bourse, ses domestiques, tout fut à mes ordres ; et pendant mon séjour dans cette ville, ma propre mère n'aurait pas plus fait pour moi ; mais par malheur il ne fut pas long ; car il parut tout à coup un ordre d'arrêter tous les étrangers : or pour moi c'était la mort. Je fus donc encore une fois obligé de chercher ailleurs un asile. Le baron de La Lézardière, qui, dans tous mes malheurs ne m'avait jamais perdu de vue, avait un vieux domestique, homme d'une résolution et d'une prudence peu communes. Il me l'envoya pour diriger et protéger ma fuite. Nous tombâmes tous deux dans les mains d'une troupe armée, chargée d'examiner tous les voyageurs, et d'arrêter ceux qui leur paraîtraient suspects. Mais mon camarade fit si bonne contenance, qu'on nous laissa passer; et, grâce à son zèle, j'arrivai sans accident à Bayeux, en Normandie, à cinquante lieues de Paris.

Là, j'avais la ressource de me sauver en Angleterre, les côtes étant mal gardées ; mais Mme Élisabeth était encore au Temple ; et tant que le danger menaçait sa tête, j'avais résolu de tenir mon engagement, et de rester à proximité d'elle jusqu'à la fin, quelles qu'en fussent pour moi les conséquences. Je m'arrêtai donc à Bayeux, et logeai dans une pauvre cabane où je fus inconnu. Personne ne pouvait soupçonner qu'un homme de quelque importance eût consenti à se loger si mal. Peu après, le baron de La Lézardière, chassé de ville en ville, vint me joindre dans ce trou avec ses trois filles et son dernier fils. Nous passâmes là dix-huit mois presque oubliés. Il avait encore de la fortune lorsqu'il arriva. Mais son château avait été brûlé; il n'en restait plus que des ruines informes ; ses propriétés en outre ayant été saisies, et tous ses amis ayant péri, il tomba bientôt dans la pauvreté, et je devins sa seule ressource. Mes amis étaient en grand nombre, et quelques-uns d'entre eux étaient restés riches; les secours m'arrivaient donc de tous côtés, sans que j'eusse besoin de jamais leur rien demander ; en sorte qu'avec ces ressources, et ce que je recevais de vous, j'eus le bonheur de soutenir, pas trop magnifiquement il est vrai, mais au moins de garantir du besoin, une des plus respectables familles de France.

Nous étions donc assez bien, quant au repos de nos personnes ; mais chaque jour nous fournissait un nouveau sujet de larmes ; car c'est dans ce séjour que mon pauvre baron, qui ne possédait plus rien au monde, apprit la mort de ses deux fils, jeunes gens du plus grand mérite ; un troisième avait été massacré dans les prisons à Paris, et le quatrième allait paraître devant le tribunal qui devait le condamner à mort. Peu de temps après, il apprit que ses quatre sœurs avaient été fusillées le même jour dans un champ. De mon côté, ce fut là que j'appris que ma pauvre mère avait été arrêtée, et que bientôt elle allait succomber à sa douleur ; que ma malheureuse sœur avait été conduite de prison en prison, en partie à cause de moi ; enfin, que Mᵐᵉ Élisabeth, la gloire de la religion et l'idole de la France, était tombée victime de l'affreuse politique des tyrans, au moment où je m'y attendais le moins. J'avoue que ce dernier coup me frappa au cœur ; j'y fus presque aussi sensible qu'à la perte de ma propre mère. Je n'étais resté en France que pour cette Princesse, bien résolu de voler à son secours au premier signal. Mais lorsque j'appris pour la première fois qu'on l'avait enlevée du Temple, elle n'existait déjà plus. Il n'y eut que seize heures entre sa mise en jugement et sa mort ; et ma seule consolation depuis a été de penser que si j'avais été à Paris, je ne lui aurais été d'aucun secours. Elle était déjà dans la fatale charrette, que personne ne se doutait de ce jugement.

Je n'eus pas plutôt appris cette mort cruelle, que je résolus de quitter la France. Le même sentiment qui m'avait fait rester, m'imposait la nécessité de fuir. Car, quelques jours avant son emprisonnement, la Princesse m'avait fait connaître verbalement ses dernières volontés ; elle m'avait chargé de les exécuter en personne aussitôt que je serais informé de sa mort. C'est pour remplir ce devoir que je me mis en mesure de gagner l'Angleterre.... »

Ici s'arrête la narration de l'abbé Edgeworth. Mais un de ses contemporains, M. Gossier, a eu la bonne pensée de consigner les détails de son évasion dans un récit intitulé : *Fuite de l'abbé Edgeworth hors de France.* C'est à ce document que nous empruntons les pages qui vont suivre.

« L'abbé Edgeworth resta trois ans dans la ville de Bayeux. La municipalité de cette ville était bien composée, lorsqu'il y arriva, ce qui fit qu'on ne chercha point à savoir qui il était. Bientôt un renouvellement de la municipalité fit entièrement oublier que M. Edgeworth fût étranger à la ville ; il resta donc deux ans chez madame Foss, assez tranquille, et changea de domicile peu de temps après. La famille La Lézardière, vint aussi à Bayeux ; mais loin de courir des dangers elle devint presque une sauvegarde pour le digne abbé, le public croyant M. de La Lézardière réfugié patriote de la Vendée. Cependant un jour on fut menacé d'une visite générale, et la prudence lui fit chercher un asile chez une pauvre femme à la campagne, où il resta huit jours caché dans un grenier, sans lumière et sans feu ; il revint après ces huit jours dans son logement au sein de la famille La Lézardière, et, étant compris dans le nombre des habitants, il fut obligé de faire le service de garde nationale ; mais il se fit remplacer. Il avait pris le nom d'Henri, le premier de ses deux prénoms, et un nouveau dénombrement venant à avoir lieu, trois commissaires se présentèrent un jour chez le comte de La Lézardière, pour savoir le nombre des habitants dans la maison.

» Un curé jureur, qui était à leur tête, s'adressant à mademoiselle de La Lézardière, lui dit : « N'avez-vous point dans votre maison d'autres personnes que celles mentionnées dans cette liste ? — Oui, répondit cette demoiselle, qui n'aurait pas voulu dire un mensonge, nous avons ici un ami que nous appelons Henri ; si vous désirez, j'irai lui demander son autre nom ? (1) — Cela n'est point nécessaire, répondirent les commissaires, et la visite n'eut pas d'autre résultat. Ils avaient une servante bien pensante ; et par une de ces bizarreries assez ordinaires dans des temps de révolution, cette servante, qui avait un frère, menuisier de son état, et membre du comité révolutionnaire, était de la plus grande utilité à ses maîtres, apprenant par son frère tout ce qui pouvait contribuer à leur sûreté.

» N'étant resté en France que pour être utile au reste de la famille royale, aussitôt après l'exécution de ces illustres victimes, M. l'abbé Edgeworth chercha les moyens de quitter cette terre de désolation ; et, conjointement avec M. de La Lézardière, il acheta un bateau pour aller en Angleterre. Dans cet intervalle, M. de La Lézardière, ayant appris que son fils venait d'être fait prisonnier par les républicains, dans une rencontre

(1) Ne faut-il pas voir une permission manifeste de la Providence, voulant récompenser la parfaite droiture de cette excellente chrétienne dans l'idée subite qu'eurent les commissaires de se retirer sans même chercher à savoir le nom de l'étranger ? Un fait aussi singulier n'est peut-être pas arrivé deux fois en ces temps malheureux, où les perquisitions étaient effectuées avec la dernière rigueur. La réponse elle-même de Mlle de la Lézardière, qui semblait connaître mieux le nom de baptême de cet hôte que son nom de famille, devait paraître également très suspecte, et pourtant elle ne fut pas inquiétée. Cela prouve tout au moins que la crainte d'offenser Dieu, même par un mensonge, et un mensonge officieux, ne porte pas malheur !

On se rendit sur le rivage, où un bateau avait été envoyé. (P. 67.)

qu'ils avaient eue avec les Vendéens, ne voulut plus quitter la France qu'il ne fût assuré du sort de cet enfant ; l'abbé Edgeworth fut donc obligé de chercher d'autres moyens de s'évader. Ce fut alors qu'il découvrit qu'il existait dans le pays une correspondance pour l'armée du général de Frotté, par laquelle ce général royaliste communiquait avec une petite île appelée Saint-Marcouf, île occupée par un détachement de troupes anglaises. Abouché avec des personnes qui servaient à cette correspondance, il fut convenu qu'il s'embarquerait le soir même : on vint donc le chercher, lui et son fidèle Bousset, (1) et on les conduisit à un château d'où ils devaient partir ; mais le général arrivant avec quatre de ses officiers, et ne connaissant point l'abbé, prit le bateau de sa correspondance, et remit à une autre fois de faire passer M. Edgeworth.

» Quatre ou cinq jours après, des signaux convenus ayant été faits, on se rendit sur le rivage, où un bateau avait été envoyé de l'île pour le recevoir. Bousset, accompagné de trois personnes de la correspondance, se mit à l'eau pour embarquer quelques effets, et, quoique au danger de la vie, ayant de l'eau par-dessus la tête, et ne sachant pas nager, il atteignit la chaloupe ; mais la marée était déjà presque passée à leur arrivée, aussi fut-il obligé de redescendre en courant le même péril, et de venir au-devant de son maître, qui était dans l'eau jusqu'à la ceinture, pour attraper le bateau. Par malheur, cette légère embarcation, dérivant avec la marée, ne laissa à nos deux infortunés d'autre moyen de salut que celui de regagner au plus vite, et

____

(1) Ce Bousset est le modèle des domestiques. Il s'exposa à mille périls pour l'abbé Edgeworth et ne voulut jamais le quitter. Un fils ne saurait avoir plus de dévouement pour son propre père.

avant le jour, le château d'où ils étaient partis. Ces départs ne s'effectuaient pas sans quelque accident : la dernière fois, on avait laissé tomber des pistolets sur le rivage, et les patrouilles s'en étant aperçues, furent doublées sur cette partie de la côte. Les chouans accoutumés à ce danger, ne s'en inquiétaient pas d'ailleurs ; aussi firent-ils de nouveau des signaux à la côte, quinze jours après, et descendirent-ils pour leur correspondance.

» L'abbé, instruit de l'arrivée d'un bateau, aurait pu en profiter ; mais son fidèle Bousset l'ayant informé du renfort des patrouilles, et la difficulté qu'il avait à marcher, jointe à une vue très basse, augmentant le danger, il jugea plus prudent de différer. Ils quittèrent le lendemain le château où ils étaient et s'en furent à trois lieues de là vers un endroit où ils pouvaient s'embarquer dans la soirée avec plusieurs personnes. Couchés dix ou douze par terre, pour apercevoir le bateau qu'on attendait, on découvre, près du lieu où l'on s'était tapi, un homme côtoyant le rivage : bientôt on lui crie : « Qui vive ? » on lui demande son passeport qu'il refuse ; mais on finit par le laisser passer. La présence de cet homme, qu'un des leurs reconnut pour être le maréchal du bourg, commandant de la garde nationale, fit qu'on se retira immédiatement à deux lieues de là. L'abbé Edgeworth passa trois jours dans son nouveau gîte, puis revint au château de Vierville ; et le bateau ayant fait des signaux qui avaient été aperçus par les républicains, ils répondirent à coups de canon. Après ce petit engagement, le bateau se retira, et M. Edgeworth renonça pour toujours à cette manière de quitter la France.

« Il s'aboucha alors avec le curé d'Anières, et ils convinrent d'acheter un bateau. Le frère du curé fit le marché pour la somme de mille livres tournois : ils retournèrent à Bayeux quelques jours, et Bousset fut envoyé à MM. de F***. pour l'avertir qu'un bateau était à Vierville, prêt à les recevoir. Ils s'embarquèrent à onze heures du soir, le 20 août 1796, et découvrirent, en quittant le rivage, un bâtiment qu'ils prirent pour républicain ; mais bientôt on répondit à leurs signaux et ils eurent la satisfaction de les voir répétés. Une embarcation de l'île Saint-Marcouf vint les chercher ; ils arrivèrent le 21 à Saint-Marcouf, à deux heures environ de l'après-midi. L'abbé se fit connaître au capitaine Price, commandant de cette station, qui le reçut avec beaucoup de cordialité.

» Après avoir donné à dîner à M. Edgeworth, le soir même, il le fit embarquer pour Portsmouth, sur un bâtiment de dix canons. Ils arrivèrent dans cette ville le 25, et descendirent sans la moindre difficulté, le commandant de Saint-Marcouf ayant tout prévu à ce sujet. Le lendemain ils étaient à Londres, à l'hôtel de la Sablonnière, et six jours après, l'abbé Edgeworth partit avec le baron de Rolle pour se rendre auprès de Monsieur à Édimbourg ; il y passa une semaine et exécuta ainsi les ordres qu'il avait reçus de Mme Elisabeth. »

Tel est le récit de Gossier, récit qui fut plus tard complété et rectifié, dans ses dernières parties, par le curé même dont il vient d'être parlé, ainsi que par MM. de Marguerye, chevaliers de l'ordre de Saint-Louis, lesquels avaient prêté leur concours à l'évasion d'Egeworth.

Il nous semble devoir reproduire, avant de clore le présent chapitre, les principaux passages de cette relation de témoins oculaires.

» Nicolas Guérin, curé d'Anières, au diocèse de Bayeux, était chargé par M. de Cheylus, son évêque, de lui servir d'intermédiaire dans sa correspondance avec les grands vicaires auxquels il avait donné ordre de rester en France, pour le gouvernement de son immense troupeau pendant la persécution.

» Cet ecclésiastique se trouvait en même temps chargé de la correspondance des chefs royalistes de Normandie avec nos princes.

» Dans l'un des nombreux voyages que cette périlleuse commission l'obligea de faire de France en Angleterre, il trouva dans les premiers jours d'août 1796 M. l'abbé Edgeworth chez madame de Rochefort à Vierville, paroisse voisine de celle d'Anières, où il ne manquait jamais de se rendre en revenant d'Angleterre, parce qu'il avait à remettre ses dépêches à M. Henry de Marguerye, qui de là les transmettait à M. le général de Frotté.

» Madame de Rochefort et M. de Marguerye, qui connaissaient depuis longtemps M. l'abbé Edgeworth, l'avaient engagé à venir de Bayeux à Vierville, dans l'espoir de lui procurer le moyen de passer en Angleterre. En effet, M. l'abbé Edgeworth s'étant expliqué là-dessus avec le curé d'Anières, et lui ayant accordé toute la confiance que pouvaient inspirer son caractère et la mission qu'il remplissait, celui-ci lui apprit que le bateau qui venait de le transporter en France, viendrait le reprendre sous peu de jours, et qu'il pourrait y monter avec lui. Mais le général Frotté s'y étant embarqué lui-même avec plusieurs de ses officiers, et ses dispositions n'ayant pu être prises assez vite pour y comprendre M. l'abbé Edgeworth, son départ se trouva reculé à notre grand regret; car, outre l'extrême importance de sauver par-dessus tout une tête si précieuse, les dangers s'accroissaient tous les jours par la surveillance plus active des républicains, dont les soupçons commençaient à devenir une certitude sur nos moyens de correspondance avec les princes.

» De ce moment jusqu'à celui qui mit fin à nos cruelles anxiétés, la maison de madame de Rochefort et les maisons voisines d'Anières, également dévouées et suspectes, essuyèrent plusieurs visites domiciliaires des plus rigoureuses, et dont les conséquences possibles nous font encore frémir après vingt ans. Mais cette Providence attentive, qui n'a cessé de veiller sur le confesseur du roi, lui inspira toujours le parti qui devait le sauver ; et nous ne cessions d'en être frappés d'admiration et pénétrés de reconnaissance envers Dieu.

» Un jour, on l'avait envoyé à deux lieues (chez le sieur Mauny à Massy, dont les fils étaient employés dans la correspondance) et justement ce jour-là la maison de madame de Rochefort eut à subir une de ces terribles fouilles où la rage se joignait à la plus active adresse. Une autre fois, sur la connaissance secrète qui fut donnée d'une nouvelle perquisition, il retourna à Bayeux avec son fidèle Bousset ; et il est bien à croire que l'assurance des habitants de la maison ne se serait pas soutenue s'ils avaient eu à trembler pour un dépôt si sacré ; car les jacobins dévisageaient les domestiques et les maîtres, et cherchaient dans leurs yeux leurs craintes secrètes ; ils ne dissimulaient même pas qu'ils avaient ordre de mettre le feu au château et à tout ce qui l'environnait ; parce que, disaient-ils, ils avaient la certitude qu'il renfermait des émigrés et des chefs de contre-révolutionnaires. Dieu en avait décidé autrement.

» Sur ces entrefaites, on fut instruit par des signaux que le bateau allait revenir dans la nuit, pour prendre M. l'abbé Edgeworth et le curé. Il revint en effet sur la côte de Louviers, paroisse située entre Vierville et Anières; mais la marée étant trop avancée, il fut jeté sur un rocher où il fut impossible de conduire M. l'abbé Edgeworth, dont la vue était affaiblie et les forces épuisées par les chagrins, les fatigues et plusieurs années de la vie la plus douloureuse et la plus agitée.

» Bousset, qui avait gagné le bateau, fut obligé de revenir à terre, ayant l'eau aux épaules; et l'abbé Edgeworth et le curé d'Anières revinrent à Vierville, protégés par M. de Marguerye et plusieurs Royalistes en armes pour les défendre contre des attaques, comme il en arrivait souvent de la part des patrouilles de nuit.

» Aucun jour n'étant plus fixé pour un retour de bateau, et la côte de Vierville se trouvant trop surveillée, il fallut songer à d'autres moyens, s'il y en avait. Après quelques essais qui ne réussirent pas, M. de Marguerye et le curé d'Anières allèrent à six lieues de là dans la paroisse de Ver, d'où ce dernier est originaire, et qui est au nord-est et à trois lieues de Bayeux. Là, par le zèle et les soins d'un frère et de deux neveux du curé d'Anières (Jean et Pierre-Anne), ils parvinrent à acheter un bateau qui fut payé cinq cents francs par la caisse royale de la correspondance, sur un mandat de M. Marguerye. Pendant ce temps M. l'abbé Edgeworth était revenu dans son asile à Bayeux, et il envoya presque aussitôt Bousset à Ver, pour savoir le résultat de cette dernière tentative. Celui-ci, bien guidé, arriva au moment où le marché venait d'être conclu.

« Il retourna sur-le-champ à Bayeux, et amena son maître, qui trouva réunis chez le frère du curé M. le

La marée était déjà presque passée. (P. 67.)

baron de Mandat, adjudant général de M. Frotté, (lequel fut fusillé à Caen deux ans après comme chef des Royalistes), le chevalier de Marguerye, le curé d'Anières,

7

ses deux neveux et Louis Mauny. Ces trois derniers devaient servir et servirent en effet de matelots : Jean-Anne seul était marin ; mais le dévouement de ces jeunes gens leur donnait le talent et la confiance nécessaires pour cette expédition ; le curé d'ailleurs avait quelques notions de navigation.

» Ce fut dans cette maison fidèle et avec ces dévoués serviteurs du Roi, que M. l'abbé Edgeworth passa son dernier jour et prit son dernier repas en France. Dans la nuit, qui était celle du 20 août, tous s'embarquèrent à Ver, protégés par M. Henri de Marguerye à la tête d'une compagnie de Royalistes. Dieu permit que cette précaution fût utile ; et après avoir eu la fausse alarme dont il est parlé dans la lettre de M. Gossier, par la rencontre d'un cutter qu'ils prirent pour français, ce navire, qui était anglais et louvoyait continuellement pour recueillir M. l'abbé Edgeworth et ses compagnons, le prit à son bord à moitié route des îles Saint-Marcouf, et les y débarqua le même jour. Le commandant Price reçut M. Edgeworth avec la considération et le le respect qui lui étaient dus, l'invita à dîner avec les officiers royalistes et le curé ; et le soir même il donna ordre à un cutter de dix pièces de canon de les passer à Portsmouth.

« Le grand calme nous retint plusieurs jours dans la Manche ; et ce ne fut peut-être pas sans une intention particulière de la Providence que nous n'arrivâmes à Porstmouth que le jour Saint-Louis. Le lendemain, nous partîmes pour Londres où je logeai avec M. l'abbé Edgeworth, à l'hôtel de la Sablonnière. Les honneurs et les visites qu'il reçut de la part des personnes les plus considérables de France et d'Angleterre ne sont pas de mon sujet. J'eus le bonheur de passer quatre jours avec lui. Ce vénérable confrère, car il voulait bien me donner ce titre, ne voulut point accepter de dîner en ville pendant ce temps, excepté un jour que, ne pouvant me dispenser d'aller chez M. de Frotté, il sortit aussi lui-même. Je repartis pour la France dans l'espoir de le retrouver à Londres où les affaires de sa correspondance devaient me rappeler bientôt : cette douce espérance ne fut point trompée. J'eus l'honneur de l'y revoir au commencement d'octobre à son retour d'Édimbourg. Je ne le quittai presque pas de tout le temps que je passai à Londres. Ce fut alors qu'il reçut du Roi cette belle et touchante lettre insérée dans ses mémoires : il eut la bonté de me la communiquer sur-le-champ et de m'en donner une copie de sa main que je fis circuler en France parmi les fidèles sujets du Roi. M. l'abbé Edgeworth avait aussi eu l'attention d'écrire à Jersey à Mgr l'évêque de Bayeux, pour lui apprendre son heureuse délivrance par le moyen de bons français, et surtout d'un prêtre de son diocèse. Ce digne pontife, ce confesseur de Jésus-Christ, en ressentit un adoucissement à ses chagrins, dont l'expression me sera toujours présente. Il m'en témoigna sa satisfaction de la seule manière qui fût alors en son pouvoir en me donnant le titre de chanoine de sa cathédrale, titre qui m'est bien précieux, puisqu'il me rappelle la plus honorable époque de ma vie.

« On ne peut trouver ces détails trop minutieux ; tout ce qui concerne un homme devenu immortel, et dont la mémoire est si chère à la religion et à la France, mérite d'être recueilli ; et j'avoue aussi que j'éprouve le besoin d'en parler toutes les fois que j'en trouve l'occasion. Ces lieux que j'ai habités toute ma vie me le rappellent par-dessus tous mes autres souvenirs. C'est dans ces maisons, dévouées à leur Prince, que nous l'avons vu, au fort de la persécution, dire la sainte messe avec cette profonde dévotion dont on était saisi, et qui nous rappelait celle d'un saint Vincent de Paul, ou plutôt qui nous rappelait ce sacrifice où Edgeworth donna la communion à un Roi martyr, près d'être livré à ses bourreaux. J'ai voulu aussi consacrer par cette relation le nom des paroisses et des personnes qui doivent m'être bien chères, et, blanchi dans les travaux du ministère, laisser du moins à ma famille et aux fidèles qui me sont confiés, ce témoignage de ma vénération pour un homme de Dieu et de ma fidélité à mon roi.

» La protection de la Providence est d'ailleurs si remarquable dans la manière dont l'abbé Edgeworth échappa aux recherches des régicides et quitta la France, que ceux dont Dieu a daigné se servir pour l'accomplissement de ce dessein doivent regarder comme un devoir d'en publier les détails authentiques. »

CHAPITRE CINQUIÈME

Les dernières années ; la mort.

Le vénérable prêtre qui ne cherchait en tout et partout qu'à faire du bien, se hâta de quitter Édimbourg, où rien ne réclamait désormais sa présence et revint à Londres dans le mois de septembre 1796.

« Dès qu'il y fut arrivé, écrit le Biographe, M. Pitt, qui avait le désir de le voir, lui fit donner l'ordre de se rendre au bureau de lord Liverpool. Leur conférence finie, le célèbre diplomate lui annonça que le Roi d'Angleterre avait l'intention de lui accorder une pension viagère. L'abbé témoigna sa reconnaissance de l'honneur que le Roi voulait bien lui faire, et supplia le ministre de permettre qu'il la refusât, avec les mêmes expressions de gratitude qu'un autre aurait employées en l'acceptant. Il ajouta que sa conscience lui reprocherait d'accroître encore les charges que le gouvernement avait eu la bonté de s'imposer en faveur de l'émigration française.

„ L'abbé Edgeworth passa trois mois à Londres lors de ce voyage. Il y fit la connaissance des personnes les plus distinguées ; et dans toutes les classes de la société, il eut la consolation de recevoir ces témoignages de bienveillance et d'affection qui marquent si bien le caractère sensible et généreux de la nation. L'empressement dont il fut d'abord l'objet, devint bientôt un sentiment d'affection pour sa personne : le rôle important qu'il avait joué commandait l'admiration ; mais la simplicité de ses manières faisait chérir en lui le modèle de toutes les vertus. L'habitude qu'il avait contractée de vivre dans la retraite et de n'en sortir que lorsqu'il y était forcé par des devoirs impérieux, l'emporta sur la séduction qui égare quelquefois les hommes susceptibles d'un peu d'amour-propre ; il continua de mener une vie très retirée, malgré les nombreuses invitations qu'il recevait. L'intérêt qu'il devait inspirer était trop réel pour qu'il n'y eût que de la curiosité dans le sentiment qui le faisait rechercher ; mais comme il n'avait jamais rien fait pour acquérir de la célébrité, il suivit son penchant, et vécut dans la retraite avec un petit nombre d'amis.

» Son frère Ussher, et tous ses autres parents en Irlande, avaient un très grand désir de le voir et de le fêter. L'amour de la patrie obtient toujours de l'indulgence ; il était bien naturel qu'on multipliât les prières auprès de lui pour l'engager à venir recevoir les hommages de ses compatriotes dans la ville même qui s'honorait de l'avoir vu naître, et qu'il fît un peu violence à son amour de la solitude en leur faveur. Il y consentit, et il allait partir lorsque Mlle de la Lézardière arriva, venant de France avec des dépêches importantes pour Louis XVIII, que son frère devait porter au Roi, qui était alors à Blanckenbourg ; mais M. de La Lézardière, appelé par d'autres affaires, n'était déjà plus à Londres, en sorte que l'abbé Edgeworth fut la seule personne à qui elle pût confier un message d'une aussi grande importance. Elle était bien assurée qu'il ne le refuserait pas. Une circonstance imprévue devait mettre un terme aux incertitudes, quand même il aurait pu y en avoir : le digne prêtre reçut du Roi la lettre qu'on va lire, et qui trancha définitivement la question :

« J'ai appris, Monsieur, avec une extrême satisfaction, que vous êtes enfin échappé à tous les dangers auxquels votre sublime dévouement vous a exposé. Je remercie sincèrement la divine Providence d'avoir daigné conserver en vous un de ses plus fidèles ministres, et le confident des dernières pensées d'un frère dont je pleurerai sans cesse la perte, dont tous les bons Français béniront à jamais la mémoire ; d'un martyr dont vous avez le premier proclamé le triomphe, et dont j'espère que l'Église consacrera un jour les vertus. Le miracle de votre conservation me fait espérer que Dieu n'a pas encore abandonné la France. Il veut sans doute qu'un témoin irréprochable atteste à tous les Français l'amour dont leur Roi fut sans cesse animé pour eux, afin que, connaissant toute l'étendue de leur perte, ils ne se bornent pas à de stériles regrets, mais qu'ils cherchent, en se jetant dans les bras d'un Père qui les leur tend, le seul adoucissement que leur juste douleur puisse recevoir. Je vous prie donc, Monsieur, ou plutôt je vous demande avec instance, de recueillir et de publier, sur les derniers moments de Louis XVI, tout ce que votre saint ministère ne vous oblige pas de taire. C'est le plus beau monument que je puisse ériger au meilleur des Rois, et au plus chéri des frères.

» Je voudrais, Monsieur, vous donner des preuves efficaces de ma profonde estime ; mais je ne puis que vous offrir mon admiration et ma reconnaissance. Ce sont les sentiments les plus dignes de vous.

« Louis. »

« Une lettre si noble et si touchante aurait attendri un sujet même qui n'aurait pas été aussi attaché à la Maison de Bourbon que l'était l'abbé Edgeworth. La personne qui était chargée de la lui remettre, y ajouta l'assurance que le Roi avait un vif désir de le voir. A ces considérations se joignait pour Edgeworth l'espérance de pouvoir être de quelque utilité à Sa Majesté. Il prit donc les dépêches de Mlle de La Lézardière et partit pour Blanckenbourg. Le même homme qui venait de refuser une pension, n'avait pas cent louis pour faire son voyage. Un de ses parents les lui prêta.

» Il arriva sans aucun accident à Blanckenbourg, où il eut l'honneur de remettre au Roi les papiers dont il était porteur. Il s'attendait à repartir après avoir pris quelques jours de repos, et à porter à Londres la réponse des dépêches qu'il avait remises ; mais le Roi envoya cette réponse en Angleterre par M. de la Lézardière, ayant le désir de garder l'abbé près de lui pendant le carême et les fêtes de Pâques. Celui-ci écrivit à ses parents pour leur rendre compte du motif qui l'empêchait de retourner près d'eux. Son frère et ses parents n'en conservèrent pas moins l'espérance de le voir bientôt, se flattant qu'il finirait par s'établir dans son pays natal. Mais le temps fixé pour son départ étant arrivé, lorsqu'il se présenta au Roi pour demander ses ordres, Sa Majesté lui dit, de la manière la plus gracieuse : « Monsieur l'abbé, je vous ai nommé mon aumônier. Je ne vous commande pas de rester avec moi ; mais si vous n'avez aucun autre engagement, et que vous puissiez disposer de vous-même, je vous invite à le faire en ma faveur. »

« Résistant à toutes les tentations que lui inspiraient une vie privée et la société de quelques amis intimes, il résolut de suivre la destinée de son Souverain et de la Maison de Bourbon, quelque malheureuse qu'elle fût alors, et quoiqu'il y eût peu d'apparence qu'elle dût changer. Voici comme il s'exprimait dans une lettre qu'il écrivit à cette époque :

« Le sort en est jeté ! Le Roi a la bonté de désirer que je reste près de lui, et que nous ne nous séparions qu'à la mort. Je me suis rendu à ce sentiment plein de bienveillance ; ainsi nos destinées sont unies, car je ne déserterai jamais mon poste ; et si je puis être de quelque utilité à mon Prince isolé, poursuivi par le malheur, je me croirai trop payé du sacrifice que je fais de plans bâtis en l'air, et que j'imaginais que je pourrais réaliser un jour. »

Il ne restait de son château que des ruines informes. (P. 61.)

« L'abbé prit alors ses arrangements pour se fixer à l'étranger. Il écrivit à Bousset, son fidèle domestique, qu'il avait laissé à Londres, de venir le trouver et de lui apporter ses effets ; car il avait fait ce long séjour avec le peu dont on se charge pour une courte absence, ne comptant être qu'une semaine à Blanckenbourg.

» Depuis ce moment jusqu'à celui de la mort, l'abbé se livra tout entier au service de la Maison de Bourbon, et nous pouvons ajouter au service de l'humanité ; car en même temps qu'il remplissait ses devoirs envers les personnes les plus élevées en rang et en dignité, il ne perdit jamais de vue les autres catholiques ses frères, quelques pauvres et quelque obscurs qu'ils fussent, dès qu'il pouvait leur procurer des secours, les édifier, les instruire et les consoler.

» Peu après que le Roi et la Famille royale s'établirent à Mittau, l'empereur Paul, voulant décorer Louis XVIII de l'ordre de Saint-Alexandre, manda l'abbé Edgeworth, pour qu'il fût porteur de la décoration ; et le Roi, en retour, envoya à l'Empereur l'ordre du Saint-Esprit.

» Lorsque l'abbé parut à la cour de Russie, l'empereur Paul fut tellement frappé de son air vénérable, qu'il se prosterna devant lui et lui demanda sa bénédiction. Lorsqu'il prit son audience de congé, l'Empereur lui donna son portrait enrichi de diamants, avec le brevet d'une pension de cinq cents roubles.

» Le portrait, l'abbé le mit aux pieds du Roi ; quant à la pension, elle fut l'apanage des pauvres.

» Nous avons vu, dans les temps de révolution, des hommes d'un caractère ordinaire donner des preuves d'héroïsme, soit qu'ils y fussent excités par quelques circonstances extraordinaires, soit par l'impulsion subite de quelque noble sentiment, et rentrer ensuite dans leur voie naturelle, quelquefois même obscure. Quant à l'abbé Edgeworth, il n'en fut pas ainsi ; il était mû par des principes invariables. Son héroïsme avait une source toujours vive : c'était le sentiment le plus profond de la religion et du devoir. Anssi était-il le même homme, soit que l'Europe entière eût les yeux fixés sur lui, soit qu'aucune créature humaine ne fût témoin de ses actions ; soit qu'il fût en présence de cent mille personnes au pied de l'échafaud du roi de France, ou auprès du lit du malade le plus obscur. Ce n'était pas non plus un de ces héros historiques qu'on n'admire qu'en les voyant de loin ; l'abbé Edgeworth, au contraire, était d'autant plus respecté et révéré, qu'on le voyait de plus près. Il l'était donc plus particulièrement par ceux qui, pendant tout le cours de sa vie, furent placés à ses côtés, et qui purent journellement apprécier les motifs de ses actions, l'accord de sa conduite et la noble simplicité de son caractère. Il vécut parmi les grands sans être ni servile, ni flatteur lorsqu'ils étaient dans la prospérité ; mais il fut leur appui et leur consolation dans l'adversité. La puissance de la religion le soutint dans le ministère qu'il eut à remplir, soit dans la catastrophe la plus horrible, soit dans les épreuves si longtemps prolongées de la vie malheureuse de l'un et de l'autre de ses souverains.

» A Varsovie, où il suivit la Famille royale, l'abbé Edgeworth se fit admirer également par sa piété profonde et son inaltérable douceur. Confesseur du Roi, de Madame, de Mgr le duc d'Angoulême, il ne profita des bontés et de la confiance des princes, que pour leur être utile, adoucir leurs chagrins, leur faire supporter le malheur, et mettre entre eux cet accord, cette union si désirable qui n'existait pas toujours. Revenu à Mittau après la mort de Paul Ier, il continua ses fonctions d'aumônier ; il disait la messe à sept heures du matin, à laquelle S. A. R. Madame assistait chaque jour.

» C'est pendant cette longue période de l'adversité, qui a duré jusqu'au moment où Louis XVIII fut remis sur le trône de ses ancêtres, que les princes qui l'approchaient ont donné tant de preuves d'un courage vraiment religieux, et de cette résignation exemplaire qui ennoblit l'infortune. Alors s'offrit à eux l'occasion de réaliser tout ce que comporte la charité chrétienne. Le bonheur et la gloire de l'abbé Edgeworth consistèrent pour lui à se rendre l'instrument de toutes leurs bonnes œuvres. Il était dans sa destinée de finir ses jours en accomplissant cette noble tâche.

» Vers le printemps de 1807, comme on le sait, la puissance de Bonaparte s'étant beaucoup accrue, il dirigea les armées françaises contre l'empire de Russie. Au cours de cette campagne, il arriva que des militaires français, qui avaient été faits prisonniers, furent envoyés à Mittau. Quoiqu'ils eussent porté les armes contre la maison de Bourbon, Louis XVIII ferma les yeux sur ce grief et ne vit plus en eux que des compatriotes. L'abbé Edgeworth se rendit près d'eux, avec la permission du Roi, pour les assister, pour leur donner tous les secours que l'on peut attendre de l'humanité, et toutes les consolations que procure la religion. Une fièvre contagieuse exerçait ses ravages parmi les prisonniers ; on en avertit le vénérable prêtre ; mais il ne voulut pas abandonner ces malheureux qui n'avaient plus sur la terre que lui, pour leur porter des consolations et des secours. Il était avec eux jour et nuit, assisté seulement de son fidèle serviteur Bousset, qui rivalisait avec son maître de courage et de générosité. L'abbé gagna la fièvre. Sa santé, qui n'avait jamais été bien bonne, s'était encore affaiblie par les afflictions sans nombre dont son âme avait été accablée. Il lutta quelques jours contre la maladie ; mais il lui fallut enfin renoncer à remplir ses pieuses et charitables fonctions ; et le 17 mai 1807, il se mit au lit pour ne plus s'en relever.

» Dès que la fille de Louis XVI sut que le confesseur de son père était tombé dangereusement malade, elle déclara qu'elle voulait aussitôt se rendre près de lui. Les personnes qui l'entouraient représentèrent à la Princesse que cette maladie était très contagieuse, et s'ingénièrent à la faire renoncer à un projet si périlleux ; mais rien ne fut capable d'ébranler sa résolution. Une dame, qui fut témoin de cette noble lutte entre l'amitié et le dévouement, a raconté : « Que personne ne put la faire sortir de la chambre où son cher et respectable invalide était malade. »

« Moins il a la connaissance de sa position et de ses besoins, disait la Princesse, plus ma présence lui est nécessaire ; et dussent tous les autres fuir la contagion, je n'abandonnerai jamais celui qui est l'ami noble et généreux de toute ma famille, qui a quitté la sienne et sa patrie pour nous...., tout, tout pour nous ! Rien ne m'empêchera de soigner moi-même l'abbé Edgeworth ; je ne demande à personne de m'accompagner. »

« Ce fut donc la Princesse elle-même qui soigna l'abbé Edgeworth à son lit de mort (1). De ses propres mains, elle lui faisait prendre les potions qu'on lui prescrivait, et, n'ayant pas eu la consolation de voir

(1) Bousset, atteint également par l'épidémie, avait dû, lui aussi, s'aliter.

ses soins couronnés par la guérison, elle reçut son dernier soupir.

» Le saint prêtre mourut le 22 mai 1807, cinquième jour de sa maladie. Il avait soixante-deux ans. La cour de Louis XVIII prit le deuil. Le duc et la duchesse d'Angoulême, M. l'Archevêque de Reims, et toutes les personnes qui entouraient le Roi, assistèrent à son enterrement. Son épitaphe fut rédigée par le Roi lui-même, qui ordonna qu'une copie en fût adressée au frère de l'abbé, avec la lettre suivante :

« A M. Ussher Edgeworth,

« La lettre que M. l'Archevêque de Reims vous écrit, Monsieur, vous instruira de la douloureuse perte que nous venons de faire. Vous regretterez le meilleur et le plus tendre des frères. Je pleure un ami, un bienfaiteur, un consolateur, qui avait conduit le Roi, mon frère, aux portes du ciel, et m'en traçait à moi-même la route. Le monde n'était pas digne de le posséder plus longtemps. Soumettons-nous, en nous attachant à la pensée qu'il a reçu le prix de ses vertus ; mais comme il ne nous est pas défendu d'embrasser des consolations d'un ordre inférieur, je vous en offre dans l'affliction générale que ce malheur a causé. Oui, Monsieur, la mort de M. votre frère a été une calamité publique ; ma famille, tous les fidèles Français qui m'entourent, ainsi que moi, estiment, qu'ils ont perdu un père, et notre affliction a été partagée par tous les habitants de Mittau : toutes les classes, toutes les croyances se sont réunies à ses funérailles, et une douleur universelle l'a accompagné à sa dernière demeure.

» Puisse ce récit adoucir votre peine ! Puissé-je donner ainsi à la mémoire du plus respectable des

hommes une nouvelle preuve de vénération et d'attachement.

» Soyez persuadé, Monsieur, de tous mes sentiments pour vous, et pour la famille de M. l'abbé
Edgeworth.

» LOUIS. »

« Grande fut la douleur de Bousset lorsque, rendu
à la vie à force de soins, il apprit, vingt-deux jours après
cet événement, la perte qu'il avait faite ; c'était son père
bien-aimé qui lui manquait ; et ce père était aussi l'ami
le plus tendre, le compagnon inséparable pour lequel
il se serait mille fois sacrifié. Quoique la mort précipitée
du saint prêtre ne lui eût point laissé la facilité de faire
à son aise un testament, on donna à Bousset la garde-
robe de son maître ; on écrivit ensuite au frère de
M. Edgeworth, en Irlande, pour la disposition des
objets de valeur appartenant à son frère. La réponse fut
« qu'une vente serait faite, et que du montant de cette
vente on ferait une pension à la tante et à la sœur de
l'abbé Edgeworth, encore vivantes en France, et qu'à
leur mort, la somme qui en proviendrait serait donnée
à jamais à Bousset, ou à ses héritiers, et on confirma
la donation de la garde-robe. » Le Roi, depuis, voulut
attacher Bousset à sa chapelle, lui donnant ainsi un
témoignage authentique de son estime et une récompense des éminents services qu'il avait rendus à son
maître. »

La lettre suivante, écrite par M. le marquis de
Bonnay au frère de l'abbé Edgeworth, Ussher, donne
de précieux détails sur les derniers moments du vénérable confesseur de Louis XVI et achève de mettre en
lumière les éminentes vertus de ce saint prêtre.

« Monsieur, — J'ai été désigné, avec M. l'Archevêque de Reims, pour prendre connaissance des affaires et des papiers laissés par M. votre frère, par celui que nous ne pleurons pas moins que vous, et parmi les amis les plus intimes duquel j'avais le droit et l'orgueil de me compter. M. l'Archevêque, duc de Reims, m'a chargé d'entrer avec vous dans quelques détails à ce sujet; et par le billet qu'il vous écrit de son côté, vous êtes instruit, Monsieur, que ma lettre peut être considérée par vous comme si elle avait été faite en commun.

» A peine, Monsieur, la mort avait-elle frappé votre malheureux frère, que nos idées se portèrent sur vous, et sur la peine que vous en éprouveriez. Il a aussitôt été pris des mesures pour vous instruire de votre malheur, et cette tâche pénible ne m'a du moins pas été réservée.

» Mais, Monsieur, quelque cruels que puissent être les détails des dernières circonstances de la vie d'un frère chéri, votre cœur est sûrement avide de les entendre ; et je crois remplir un devoir envers vous, en vous faisant connaître tout ce qui s'est passé.

» La fin de M. l'abbé Edgeworth a été digne de sa vie : il est mort victime de la charité chrétienne dont il avait toujours été le modèle. Quelques prisonniers français avaient été envoyés ici à l'hôpital militaire, dans un état de santé déplorable. Sur trente et un qui étaient partis de l'armée, vingt-trois seulement avaient pu soutenir le voyage ; et des vingt-trois plusieurs semblaient toucher à leur dernier moment.

» A peine instruit de leur arrivée, M. l'abbé Edgeworth vola à leur secours, leur prodigua tous les soins et les consolations qui étaient en son pouvoir, et leur administra les secours de l'Église.

» Il fut bientôt reconnu que leur maladie était conta-

gieuse. C'était celle sans doute qui est connue en médecine sous le terme de « fièvre des hôpitaux ». Forcé,
par les devoirs de son ministère, d'approcher de très
près de ces malheureux, de respirer leur haleine, et de
recevoir les émanations empoisonnées qui s'exhalaient
de leurs lits, M. votre frère a pris auprès d'eux les
germes de la fièvre nerveuse et maligne qui l'a conduit
au tombeau, et qui a également emporté l'aumônier de
Mme la comtesse de Lille, son remplaçant auprès de ces
mourants. Treize d'entre eux seulement ont pu échapper.

» Peu de jours après avoir commencé à remplir ces
devoirs sacrés, mais si dangereux, M. l'abbé Edgeworth,
dont la constitution avait toujours été d'une délicatesse
extrême, et l'était devenue encore davantage depuis
quelques années, éprouva de petits frissons intérieurs,
auxquels il attacha d'autant moins d'importance qu'il y
était assez sujet. Il eut même quelques mouvements de
fièvre plus marqués; mais il n'y donna presque pas d'attention, jusqu'à ce qu'enfin ses amis s'en aperçurent.

» Ce fut le dimanche, 17 mai, que son état fut découvert. Il souffrait en silence depuis le mercredi. Il continua cependant de mener la vie commune encore ce
même dimanche. Le lundi, il dit la messe, suivant sa
coutume, à sept heures du matin. J'allai le voir ensuite. Je le trouvai avec un frisson plus marqué encore
que la veille, souffrant, abattu, et forcé de céder au mal
et de se mettre au lit.

» Le médecin qui l'y avait engagé, n'apercevait aucun
symptôme fâcheux; et, quant à moi, je ne redoutais
que la faiblesse, qui était habituellement très grande,
et qui me laissait tout craindre, dans le cas d'une maladie sérieuse.

» La journée du lundi et celle du mardi se passèrent

ainsi : presque dans la sécurité de notre part, et entièrement de celle du médecin et de la sienne. Nous étions tous sans cesse chez lui ; mais nous n'y restions pas, parce que sa poitrine semblait fatiguée, et qu'il lui était pénible de parler. Mais sa tête était calme, ses idées nettes. Il souffrait avec douceur et résignation, et souriait avec amitié à nos questions et à nos empressements.

» Le mercredi 20, au matin, son pouls me parut dans un désordre affreux, et j'en fus extrêmement alarmé. Je le quittai, en lui disant que si je n'écoutais que mon cœur, je passerais mes jours entiers auprès de lui. Il sortit vivement sa main de son lit, et me serra la mienne en me disant, avec un accent qui me pénétra : « Oh ! je compte sur vous comme sur mon frère ! »

» J'allai faire part de mes observations, sans toutefois y trop insister, parce que mon ignorance en médecine ne me permettait pas d'y attacher une grande valeur; et quand je vis que le médecin continuait à ne pas apercevoir l'apparence d'un danger même éloigné, je crus que ce désordre du pouls ne tirait nullement à conséquence.

» Dès ce moment, cependant, la maladie prit à mes yeux un caractère plus grave, et qui alla toujours en augmentant. Dès le mercredi soir, je ne trouvai plus la même netteté dans ses idées. Le jeudi, le médecin lui-même avoua que la maladie avait changé de caractère. Le malade était absorbé ; et quoiqu'il reconnût encore tout le monde, il n'avait qu'une connaissance vague. Les redoublements de la fièvre continuaient et augmentaient; il parlait avec peine, et mettait peu de liaison dans ses phrases. La nuit fut très mauvaise; il eut quelques disparates. Il témoigna le désir d'écrire à sa famille, se fit apporter du papier, mais ne put écrire une seule ligne.

» Le vendredi matin, 22 mai, je le trouvai extrêmement mal. Il me regarda d'un air de connaissance, mais
sans me parler. Il dit bonjour à M. l'archevêque de
Reims. Le médecin commençait à s'alarmer ; mais
croyait avoir encore une grande marge. Hélas ! à trois
heures et demie, les symptômes de l'agonie parurent :
la poitrine commença à se remplir. On lui administra
les derniers sacrements de l'Église. Un peu après huit
heures, il expira.

» Vous peindre la désolation commune et particulière,
n'est pas en mon pouvoir. Et nos augustes maîtres, et
Monseigneur et Madame la duchesse d'Angoulême, et
toutes les personnes attachées à nos Princes, et leurs
domestiques et les nôtres ; il n'y eut qu'un cœur et
qu'un cri. Les lamentations, les gémissements, les
sanglots firent retentir le château.

» Jamais homme n'a été aimé, jamais homme n'a été
pleuré comme lui. Chacun de nous croit avoir perdu
son frère, son père, son bon ange protecteur : et ces
regrets, Monsieur, ce ne seront pas ceux d'un jour. C'est
au nom de plus de cent personnes que j'ai l'honneur
de vous parler : ce seront ceux de toute notre vie.

» M. l'abbé Edgeworth a été inhumé le 25 mai, dans
le cimetière catholique de cette ville. La pompe de son
enterrement a été simple, mais décente ; Mgr le duc
d'Angoulême, et nous tous à sa suite, avons accompagné
le convoi jusqu'au cimetière.

» Il me reste maintenant, Monsieur, à vous rendre
compte des affaires de monsieur votre frère, et de sa
succession. Je commencerai par celle-ci. Elle se ressent
de la modicité de son revenu et de l'abondance de ses
aumônes.

» M. l'abbé Edgeworth a laissé si peu de mobilier, tant

en linge qu'en habits et petits meubles à son usage, que je ne crains pas de dire qu'il n'y en a pas pour la valeur de 20 livres sterling.

» Plus, environ 150 volumes, la plupart relatifs à la religion ou au culte catholique. Ils peuvent être comptés pour 40 à 50 livres.

» Plus enfin, quelques reliques, dont l'une, assez richement montée, a été retenue par S. A. R. Mme la Duchesse d'Angoulême, qui l'a très généreusement payée au fidèle et intéressant domestique de monsieur votre frère, à l'honnête Louis Bousset, lequel a eu la même maladie que son maître, et en même temps que lui et n'y a échappé que par miracle.

» C'est à ce même domestique, Monsieur, que, d'après avis de toute notre colonie, et d'après l'usage généralement pratiqué parmi nous, M. l'Archevêque de Reims et moi avons cru devoir remettre, et avons remis toute la dépouille de son maître, dont vous venez de lire la courte description (1)...

» Le silence que j'ai gardé jusqu'ici sur son testament, Monsieur, vous a sans doute déjà fait juger qu'il n'en avait pas laissé. En effet, Monsieur votre frère est mort sans avoir eu le temps de dicter ses dernières volontés.

» Mais au commencement de l'année 1804, quand je lui parlai pour la première fois de mon testament, il m'interrompit et me dit, comme me prenant à témoin : « Pour moi, mon testament sera court et bientôt fait. Tout ce que j'ai ici, tout ce que je laisserai en argent comptant de toute espèce, tous mes meubles, montres, bijoux, linge, etc. ; en un mot, toute ma dépouille, je

____

(1) La lettre contient ici le détail de la succession, que nous omettons comme n'offrant pas d'intérêt : il suffit sans doute qu'on en connaisse la valeur totale. Nous passons également divers alinéas visant des questions tout à fait secondaires.

la donne à Bousset, mon domestique. Ma famille peut se passer de ce petit secours ; Bousset est avec moi depuis plus de dix ans : il m'a accompagné pendant le règne de la Terreur révolutionnaire, quand la France entière n'était pas assez grande pour me cacher : c'est à sa fidélité et à sa discrétion que je dois peut-être la vie. Il a partagé tous mes périls ; il a été le confident et le compagnon de ma fuite. J'ai tâché de le former au bien et à la piété ; il a répondu à mes espérances. Je ne veux pas qu'après moi il soit dans l'embarras ou le besoin. En un mot, je lui donne tout ce que j'ai. »

» Tel fut, Monsieur, le langage que monsieur votre frère me tint alors, et qu'il m'a souvent confirmé depuis....

» Or, Monsieur, pendant l'hiver dernier, le même Bousset, jeune homme très intéressant, né dans la Vendée et pensant comme les Vendéens, dévoué à son maître, à son roi et à son Dieu, et modèle de sagesse, de piété et de bonnes mœurs ; Bousset, dis-je, fut volé. Un filou entra dans sa chambre, pendant qu'il servait la messe de son maître, força la serrure de sa malle, et lui enleva le fruit de ses épargnes depuis dix ans ; on lui prit une bourse qui contenait trois cent vingt-deux ducats ; c'est-à-dire plus de cent quatre-vingts guinées.

» M. l'abbé Edgeworth dit alors, non seulement à Bousset, non seulement à moi, mais en vérité, je crois, à toutes les personnes du château : « Que pourvu qu'il vécût, Bousset n'y perdrait rien, et que peu à peu il lui rendrait tout ce qui lui avait été pris. » En effet, dès le mois suivant, il avait commencé à lui donner dix guinées comme à compte.... Vous pouvez, d'après ces faits, présumer les intentions de M. votre Frère relativement à sa succession.

» Voici une lettre bien longue, Monsieur, et une lettre bien pénible pour vous, par les tristes détails qu'elle renferme : je ne puis vous en faire d'excuses, puisque ces détails vous étaient nécessaires ; mais je vous prie de les lire avec indulgence pour la rédaction, et de les recevoir comme un gage de la tendre amitié, du dévouement sans bornes que je portais à monsieur votre frère, et du respect que je conserverai toujours pour un homme qui lui tenait d'aussi près que vous.

» Le Marquis DE BONNAY. »

Comme on l'a vu plus haut, M. Ussher Edgeworth ratifia les arrangements qui avaient été proposés par le marquis de Bonnay pour la destination de ce qu'avait laissé l'abbé Edgeworth.

Qu'il est édifiant de voir ce saint prêtre, généreux jusque dans la mort ! En vérité, toute sa carrière sacerdotale n'a été qu'un long acte d'abnégation et de dévouement. Cent fois il a exposé sa vie pour être fidèle à son devoir et dans l'intérêt de ses frères, principalement au jour à jamais mémorable de la mort de Louis XVI ; et il s'est enfin sacrifié, avec un joyeux empressement, pour des hommes dont il ne pouvait rien attendre puisqu'ils étaient les ennemis personnels de ses Bienfaiteurs.

TABLE DES MATIÈRES

— Lille. Typ. A. Taffin-Lefort. 8. —

www.ingramcontent.com/pod-product-compliance
Ingram Content Group UK Ltd.
Pitfield, Milton Keynes, MK11 3LW, UK
UKHW022325070726
13614UKWH00002B/953